GONGDIAN QIYE YINGPEI RONGHE RENYUAN PEIXUN JIAOCAI

供电企业营配融合人员
培训教材

国网宁夏电力有限公司固原供电公司　编

中国电力出版社
CHINA ELECTRIC POWER PRESS

图书在版编目（CIP）数据

供电企业营配融合人员培训教材 / 国网宁夏电力有限公司固原供电公司编. —北京：中国
电力出版社，2023.11
ISBN 978-7-5198-8218-1

Ⅰ. ①供… Ⅱ. ①国… Ⅲ. ①电力工业–供电管理–营销服务–职工培训–教材 Ⅳ. ①F426.61

中国国家版本馆 CIP 数据核字（2023）第 198446 号

出版发行：中国电力出版社
地　　址：北京市东城区北京站西街 19 号（邮政编码 100005）
网　　址：http://www.cepp.sgcc.com.cn
责任编辑：雍志娟
责任校对：黄　蓓　郝军燕
装帧设计：郝晓燕
责任印制：石　雷

印　　刷：固安县铭成印刷有限公司
版　　次：2023 年 11 月第一版
印　　次：2023 年 11 月北京第一次印刷
开　　本：710 毫米×1000 毫米　16 开本
印　　张：11.5
字　　数：197 千字
印　　数：0001—1000 册
定　　价：90.00 元

前　言 Foreword

在社会经济运行、人民生产生活中，电力供应是否可靠、服务响应是否快速备受客户关注。为提高供电服务效率、提升供电服务品质，需要深度融合末端营销与配电业务，以适应供给侧改革新形势，打造高效协同的供电服务前端，提升供电企业的精益化管理与优质服务水平。

营配融合业务模式是在组织层面、业务层面、应用层面、管理层面对电力网络最末端的营配业务进行深度整合，经过信息资源共享整合、业务流程优化融合、人员技能培训提升，实现"1+1＞2"的效果。

组织融合，是指基于专业技能的相关性，融合设备主人制、台区经理制和服务网格化的管理思路，深度整合营销和配网组织机构，构建全能型营配基层班组，从真正意义上消除部门壁垒、专业壁垒及信息壁垒，降低人员协调、业务协同的成本，避免出现营销和配网业务边界的管理真空。

业务融合，是指基于工作技能相似、工作地点相近、维护设备相同、服务对象类似的原则，供电企业从业务间、业务内及工单派发三个方面实现营销和配网末端工作融合。

应用融合，是指基于"一平台、全业务"和"一终端、全应用"的原则，以各类数字化基础设施为依托，搭建统一的业务支撑平台，统一应用入口，支撑配网管理、业扩报装、设备运检、客户服务等业务开展，实现配网规划、建设、投运、运维全过程管理；融合营配生产资源，基于服务网格、电压等级、电网资源状态等业务规则，分区、分压、分态开展营配工作。

管理融合，是指基于融合的组织机构，统一营配工作目标，建立规范的工作流程，统一考核评价标准，评估营配融合工作成效。

国网固原供电公司以构建"以客户为中心的现代服务体系"为出发点，通过推行网格化营配末端全业务融合模式和深化应用营配协同 App，在网格上实现界限明确、业务均衡的科学划分。在队伍上实现网格服务团队营配全业务综合服务能力的全面提升。在机制上实现高低压营配全业务的末端深度融合，在业务上实现指标导向、工单驱动、闭环考核的新模式，在数据上实现数据支撑应用，应用验证数据、促进数据完善提升的双向反馈作用，在任务上实现"两制两军事"、全业务核心班组、台区经理制的一体高效落实，在服务上实现"一个现场、一支队伍、一次到达、一次解决"。

本书的几位作者全过程参与了固原公司营配融合体系构建和业务变革，在实践中发现问题、解决问题、总结规律，并将其付诸笔端，编辑成册，在工作之余合作编写了这本教材，我感到十分欣慰。

作为一本培训教材，本书较好地贯彻了国家电网公司关于营配融合的总体技术路线和指导思想，体现了宁夏公司和固原公司的特色和做法，对从事本专业的广大工程技术人员有较好的参考价值。希望这本教材能为广大的营销、配电一线和管理人员提供有益的借鉴，为相关人才的培养发挥积极的作用。

编者

2023 年 11 月

目　录 Contents

第1章

营配融合概述

1.1 营配融合总体思路

营配融合业务模式是在组织层面、业务层面、应用层面、管理层面对营配业务进行深度整合，统一管理营配基础档案数据，基于完整、准确、一致的电网设备档案，建立完整的"站－线－变－箱－户"拓扑关系，构建"营配一张网"；基于电网 GIS、电网资源业务中台等支撑型应用，实现配网规划、建设、运行全过程统筹管理，支持客户报修准确定位、智能派单、配网中低压全链路故障快速研判、全局停电分析、营配勘察一体化和线损实时准确统计等业务。

1.1.1 组织融合，重组营配基层班组，构筑营配工作基石

基于专业技能的相关性，融合设备主人制、台区经理制和服务网格化的管理思路，深度整合营销和配网组织机构，构建全能型营配基层班组，培养全能型业务人才，做到台台设备有主人、个个用户有经理，从真正意义上消除部门壁垒、专业壁垒及信息壁垒，降低人员协调、业务协同的成本，做到一班人马，营配工作一管到底，避免出现营销和配网业务边界的管理真空。

基于全能型工作班组，全能型业务人才，组建一专多能的敏捷工作团队，快速响应营配工作需求，保障配网可靠稳定、安全运行，提升客户服务品质。

1.1.2 业务融合，创新融合工作模式，提升业务协同效率

基于工作技能相似、工作地点相近、维护设备相同、服务对象类似的原则，

供电企业从业务间、业务内及工单派发三个方面实现营销和配网末端工作融合。

（1）营销和配网业务间工作融合。主要是：营配勘察一体化执行；配网规划建设和营销拟定供电方案工作协同；小区新装业务和低压批量新装业务整合；配网故障抢修和用户故障抢修工作融合。

（2）营销和配网业务内工作融合。主要是：营销计量装置、采集装置装拆及终端调试工作融合；计量装置巡视和周期核抄、装表接电、用电检查、终端装拆、采集运维、现场检验等工作融合；设备运检的巡视和检测融合成巡检。

（3）营销和配网工单融合派工。主要是：通过营配业务工单化，建立现场作业工单池，实现供电服务、业扩报装、设备运检等业务现场作业任务的集中调度和科学派工。

1.1.3　应用融合，搭建业务支撑平台，赋能营配工作组织

基于"一平台、全业务"和"一终端、全应用"的原则，以电网资源业务中台、数据中台、物联管理平台、国网链及云平台等数字化基础设施为依托，搭建统一的业务支撑平台，统一应用入口，支撑配网管理、业扩报装、设备运检、客户服务等业务开展，实现配网规划、建设、投运、运维全过程管理；融合营配生产资源，基于服务网格、电压等级、电网资源状态等业务规则，分区、分压、分态开展营配工作。

1.1.4　管理融合，统一绩效评价标准，评估营配融合成效

基于融合的组织机构，统一营配工作目标，建立规范的工作流程，统一考核评价标准，评估营配融合工作成效，发现业务短板以迭代推进完善，发扬业务优势以推广普及应用。主要有以下三个方面：

（1）理清运营管理机制，完善制度建设。优化供电服务机构，进行资源重组和整合，理清管理思路和运营管理机制，完善制度建设，盘活内部人力资源，实现自身管理水平的提升。

（2）完善岗位设置，做好组织建设。完善职能设置和人员调整安排，重视岗位设置，细化分解岗位职能，通过人员有效安排，从而实现高效管理。

（3）构建绩效管理体系，完善奖惩机制。构建市－县－所－人四级穿透式绩效管理体系，健全绩效管理流程，拓宽考核结果应用，完善奖惩机制，激发员工潜在动力。

1.2　营配融合主要任务

1.2.1　优化组织模式

建设完善城区供电服务组织。设置供电服务中心（或同级别供电服务机构）、综合班组、台区经理（或客户经理）三级供电服务网格，在综合班组网格内推进低压营配业务融合。对规模较小的县（市）公司，可结合实际简化供电服务网格划分。

建设综合型低压业务班组。调整按专业设置的单一业务班组，设置内勤类和若干低压外勤类综合业务班组，由低压外勤类综合班组负责相应供电服务网格内的各项低压营配业务。

（1）内勤类综合班组。主要负责供电服务中心的综合性事务、营业厅业务办理、"三库"管理、指标及业务监控分析、工单任务派发及闭环跟踪、供用电合同档案管理等各项内勤工作。

（2）低压外勤类综合班组。主要负责网格内 400V 业扩报装、装表接电、电能计量及用电信息采集装置运维巡视及故障处理、计量装置定期抄核及补抄、电费催收、停复电操作、反窃查违、台区降损、用电检查、能效服务、客户服务、营配贯通、新业务推广等营销现场服务，以及 400V 配电设施设备管理、现场作业、故障强袭、维护消缺、电压质量治理等低压配电现场工作。

1.2.2　推进低压业务融合

推进低压营销业务融合。依托低压外勤综合班组建设，在班组网格内推进业扩、计量、电费、能效服务、客户服务等各营销低压现场类业务的融合作业，打造一专多能台区经理团队，负责一个或若干台区网格内各类营销低压现场业务实施。

推进低压营配业务融合。在推进低压外勤综合班组营销低压现场类业务融合的基础上，推行台区经理制（或客户经理制）与设备主人制的融合，由低压综合班组负责网格内低压营销、低压配电等各类低压供电服务的现场作业，实现低压综合班组内营销类与配电类低压供电服务现场工作的融合。

优化完善低压业务流程。结合综合班组建设和模式变化，因地制宜对低压营销、配电业务流程进行梳理优化，加强对供电服务中心、综合班组、台区三级服务网格的放管赋能，推动低压营配全业务全流程属地办理，提升客户需求响应速度。

推进信息系统融通和业务工单融合。依托公司信息化中台建设，深化营销业务系统、用电信息采集系统、PMS2.0 系统等营销及配电信息化平台应用集成、数据共享，实现低压营销类与低压配电类业务工单的贯通融合、集中派发、协同作业。

推进移动作业终端应用融合。实现低压供电服务现场作业一个移动作业终端、一个 App、一个账号，强化消息主动推送、工单线上处理、专业信息在线查询等功能开发应用。

1.2.3　加强前端服务协同

加强低压外勤班组内部、班组之间协同。低压外勤综合班组内部可以设置若干台区经理团队，每个台区经理团队承担所负责台区网格内的各类低压营配业务，实现台区网格内低压营配业务的融合作业。建立逐级协同机制，日常工作、简单作业由台区网格、班组网格内部协同，复杂工作由上一级网格协同。

加强与外协作业队伍的协同。构建综合班组、台区经理与外协队伍的协作机制，外协队伍按照业务委托合同约定内容，协助开展采集运维、抄表催费等日常工作，对合同外临时性紧急工作，按管理流程及合同约定，协调外协队伍协助开展。

加强与街道社区网格的协同。对接街道社区治理网格，推动将供电服务网格与社区网格融合，建立信息共享、服务共建等常态化协同机制，借助社区网格优势，常态收集、快速响应、及时解决网格内居民用户服务需求，实现合作共赢。

1.2.4　强化前端赋能支撑

强化内勤综合班组建设。加大内勤班组岗位人员业务制度、服务标准、信息化系统应用等培训，提升内勤人员业务流程监控预警、指标分析、任务协调、质量管控等能力，由内勤综合班组一口对接上级管理部门，接收业务任务，梳理派发外勤班组，外勤班组处理完毕后反馈内勤班组（供电服务指挥中心直派外勤班组的抢修等工单，仍维持直派外勤班组的模式）。

强化内勤班组对外勤班组支撑。由内勤班组综合运用业务信息系统及智能电表采集数据，对计量采集装置、台区线损、电费回收，停运的主线、支线、台区以及配电变压器重过载、低电压、三相不平衡，业扩报装、停电抢修流程等监控预警，对异常、问题每日生成任务工单，支撑外勤班组及时现场处理。

强化外勤综合班组放管赋能。推动将服务资源调度和评价权限向外勤综合班组前移，基于班组及台区经理的工作任务量、服务质量、技能水平等，建立与薪酬分配相适应的业绩导向激励奖励机制，体现多劳多得、多能多得，激发积极性。

强化班组数字化建设。以实现业务线上化、可视化、智能化为重点，开发服务业务班组的数字化应用工具，促进作业手段、服务模式、管理方式数字化、智能化升级，提升供电服务作业质效，提高信息后台辅助现场人员决策的支持能力。

1.3　营配融合典型场景

通过营配深度融合，构建配电网能源配置、综合服务和新业务、新业态、新模式培育发展的新型平台，通过智能化管控、定制化应用和服务化延伸，提升中低压配电网全息感知、全面连接、开放共享和融合创新水平，实现配电网规划精准、调控智能、运检精益、经营高效和服务优质。

1.3.1　提升配网运行效率

1.3.1.1　状态全息感知与信息融合贯通

通过在配电变压器、分支箱、户表、充电桩、分布式能源等关键节点应用低成本的智能识别和感知技术，对配电网的运行工况、设备状态、环境情况等信息全面采集。应用配用电统一模型、物联网通用标准协议，实现配电侧、用电侧各类感知终端互联互通互操作，通过线路拓扑、电源相位、户变关系的自动识别支持"站－线－变－户"关系自动适配，推动跨专业数据同源采集，实现配电网状态全感知、信息全融合、业务全管控。

1.3.1.2 故障快速处置与精准主动抢修

发挥边端就地化计算和处置优势，快速处理区域内故障，同时通过边云协同实时跟踪分析，判断故障处理是否执行成功，提升配电网智能处置和自愈能力。云端结合电网拓扑关系和地理信息，开展故障停电分析，展示故障点和停电地理分布，综合考虑人员技能约束、物料可用约束，通过智能的优化算法，制订抢修计划，变被动抢修为主动服务，提高故障抢修效率与优质服务水平。

1.3.1.3 状态在线评价与设备预先检修

云端通过配电网及设备的基础信息、资产净值、资产折损率、故障历史情况统计等数据进行智能综合性研判分析，精确评估配电网及设备当前状态、智能预测未来趋势；利用配电网历史和现状的全息感知信息，针对异常开展分级评级，计算判断隐患风险，建立配电网及设备的动态风险管理和预警体系建立，依据生成策略或者预案组织针对性主动检修。

1.3.1.4 台区能源自治与电能质量优化

发挥智能配电变压器终端边缘计算优势和就地管控能力，统筹协调换相开关、智能电容器、SVG 等设备，实现对电网的三相不平衡、无功、谐波等电能质量问题快速响应及治理；同时在云平台分析所有台区历史数据和区域特性等数据，优化改进区域电能质量智能调节策略，满足用户高质量用电需求。

1.3.2 提升企业经营绩效

1.3.2.1 规划系统科学与投资精准高效

兼顾可靠性、可行性、经济性和前瞻性需求，充分利用边端全息感知数据，结合区域网架结构、设施设备现状、配网薄弱环节、用电规模、负荷分布等信息，考虑区域内用电用户特征、经济发展状况、环境地貌、分布式电源等情况，在云端智能制定具有灵活性和经济性的配电网规划方案和投资方案，实现配电网的科学规划与精准投资。

1.3.2.2 资产精益管理与设备全寿命管控

基于统一的配电设备资产信息模型，涵盖设备参数、缺陷记录、隐患记录、故障记录、巡检记录等信息数据，实现全寿命核心价值链。通过高水平本地通信、实物 ID、地理信息系统、智能传感等实用技术，实现配电设备资产检测、运行缺陷信息全环节集成共享，从源头提升设备质量和物资运营能力，提高配电网生产管理系统的深度、广度和精度，助推资产精益管理水平。

1.3.2.3　供电可靠性提升与影响因素定位

通过配电物联网对运行设备的全面感知，边端完成本地用户停电时间、停电类型、事件性质的统计汇总，云端通过统计用户停电数量和停电时长，实现中低压供电可靠性指标和参考指标的实时自动计算，并根据实时及历史数据对供电可靠率性不合格的区域制定相应提高策略。

1.3.2.4　线损实时分析与区域综合降损

通过配电网智能设备升级和有效覆盖、就地化集成台区总表、用户电表等采集感知设备信息，实时获取电压、电流、有功等关键数据，利用边缘计算就地开展台区线损统计分析，及时上送异常等各类情况至云端后台，实现对中低压线损进行实时监管，有效支撑线损治理、窃电核查等工作开展。

1.3.3　提升客户服务水平

1.3.3.1　供电方案优化与用电可视化

依托配电物联网，通过中低压配电网全息感知，开展基于配网及设备承载能力的可开放容量综合计算，同时综合考虑客户用电需求及增长趋势、主配网规划计划、设备通道路径造价等，为客户提供最优供电方案，利用基于配电物联网的各类 App 微应用，实现用电客户接入的线上全景展示和交互。

1.3.3.2　停电准确定位与精准透明发布

利用各类智能终端和边缘计算，为用户提供末端配网事件处理服务，监视并主动发现用户用电异常，制定解决方案并提供处理服务；同时结合智能感知的停复电事件，云端自动识别停电影响范围及重要敏感用户，自动生成结构化停电信息并通过短信或微信等手段，点对点精准推送至用电客户，全面提升客户的用电体验和互动感知。

1.3.3.3 负荷特性识别与用电用能优化

以庞大海量的客户用电行为数据为基础，对家庭、企业不同客户群体的用电行为特征进行识别并画像，通过配置合理的中低压终端，为用户提供关键运行及服务信息，包括提供台区直至用户户内的用电和电能质量信息，结合采用户用能特性，为客户提供包括电能质量治理、用电用能的优化策略，提升用户电力获得感。

1.3.4 打造智慧能源服务平台

1.3.4.1 能源平台构建与综合服务拓展

依托配电物联网的平台和通道，在供电、供气、供冷、供热等各种能源供应系统的规划、设计、建设和运行的过程中，以电力系统和电能量为核心，对各类能源的分配、转化、存储、消费等环节进行有机协调与优化，实现用户需求、负荷预测、设备管理、信息化管理、配电运维、需求响应，提供有效的决策支撑服务，支撑供能多元化、服务多元化、用能方式多元化的客户需求。

1.3.4.2 新能源灵活消纳与运行智能控制

满足用户在中、低压配网光伏新能源大量、快速、安全接入，协助用户对电源的管理，优化设备工作性能，形成符合用户用能方式的新能源工作策略，同时实现配网双向潮流有序化和谐波治理，对系统运行方式的灵活调节，依据云端分析，采用定功率因数控制、下垂控制、紧急无功控制、定有功无功控制等典型控制策略完成电源输出功率实时控制，并监视、削减谐波影响。同时，有效配合配网故障处理和日常检修，构建满足高新能源渗透率的配网中、低压物联系统。

1.3.4.3 电动汽车有序充电与充电桩布点优化

根据边缘计算节点的日负荷预测信息、当前区域用电信息和用户充电信息，实时拟合当天区域充电曲线，预测用户充电情况，向用户反馈充电完成情况。根据分时电价、用户申请充电模式和预测负荷曲线，提供多种优化充电策略，引导用户选择适当充电方式，实现充电效益最大化和电网消峰填谷要求，并为后续充电桩布点优化提供支撑。

1.3.4.4　区域能源灵活组网与时空协调互补

基于分布式能源、储能装置、能量分配转换装置、用电智能控制监测及保护装置的实时监测数据，实现源、网、荷、储的全面协调控制。在此基础上利用物联网技术，将一个或多个以配电台区为单位的智能微电网弹性互联，灵活定制组网，构建区域能源管理平台，实现各微电网之间的时空能源协调互补，为微电网提供全新的协作手段和优化能力，为每个用户提供准确的智能化发电、蓄电和用电三位一体的平衡服务。

第2章

低 压 配 电 设 备

2.1 低压架空线路

低压架空线路主要由杆塔、横担、导线、绝缘子、金具及拉线组成。

2.1.1 杆塔

杆塔的作用是支撑导线，确保导线与大地、树木、建筑物以及被跨越的电力线路、通信线路等之间保持足够的安全距离，并在各种气象条件下，保证送电线路能安全可靠地运行。杆塔按材质分类，可分为钢筋混凝土杆塔、钢管杆塔。其中：钢筋混凝土杆塔是配电线路中应用最为广泛的一种杆塔，它由钢筋混凝土浇筑而成，具有造价低廉、使用寿命长、美观、施工方便、维护工作量小等优点；钢管杆塔主要采用预制式钢管塔，预制式钢管塔多为插接式钢管杆塔，采用钢管预制而成，安装简便，但是比较笨重，给运输和施工带来不便。

杆塔按其在架空线路中的用途可分为直线杆、耐张杆、转角杆、终端杆、分支杆、跨越杆等。

（1）直线杆用在线路的直线段上，以支持导线、绝缘子、金具等重量，并能够承受导线的重量和水平风力荷载，但不能承受线路方向的导线张力。直线杆的导线用线夹和悬式绝缘子串挂在横担下或用针式绝缘子固定在横担上。

（2）耐张杆主要承受导线或架空地线的水平张力，同时将线路分隔成若干耐张段（耐张段长度一般不超过2km），以便于线路的施工和检修，并可在事故情况下限制倒杆断线的范围。耐张杆的导线用耐张线夹和耐张绝缘子串或用蝶式绝缘子固定在杆塔上，杆塔两边的导线用弓子线连接起来。

（3）转角杆用在线路方向需要改变的转角处，正常情况下除承受导线等垂直载荷和内角平分线方向的水平风荷载外，还要还要承受内角平分线方向导线全部拉力的合力，在事故情况下还要能承受线路方向导线的重量。转角杆有直线型和耐张型两种型式，具体采用哪种型式可根据转角的大小及导线截面的大小来确定。

（4）终端杆用在线路的首末两终端处，是耐张杆的一种，正常情况下除承受导线的重量和水平风力荷载外，还要承受顺线路方向导线全部拉力的合力。

（5）分支杆用在分支线路与主配电线路的连接处，在主干线方向上它可以是直线型或耐张型杆，在分支线方向上时则需用耐张型杆。分支杆除承受直线杆塔所承受的载荷外，还要承受分支导线等垂直荷载、水平风荷载和分支方向导线全部拉力。

（6）跨越杆用在跨越公路、铁路、河流和其他电力线等大跨越的地方。为保证导线具有必要的悬挂高度，一般要加高杆塔；为加强线路安全，保证足够的强度，还需加装拉线。

2.1.2　横担

横担用于支撑绝缘了、导线及杜上配电设备，保护导线间有足够的安全距离。因此，横担要有一定的强度和长度。按材质分类，横担可分为铁横担、木横担和陶瓷横担等三种。低压架空线路上一般均使用铁横担。

铁横担一般采用等边角钢制成，要求热镀锌，推荐镀锌层厚不小于 60μm。因其为型钢，造价较低，并便于加工，所以使用最为广泛。

10kV 架空线路上常用铁横担规格为 63mm×63mm×6mm 的角钢，在需要架设大跨越线路、双回线路或安装较重的开关时，亦采用 75mm×75mm×8mm 等规格的角钢。为统一规范，在低压架空线路上也常用 63mm×63mm×6mm 的角钢，亦可采用 50mm×50mm×5mm 的角钢。为便于施工管理，横担规格尺寸应统一，并系列化。

根据受力情况，横担也可分为直线型、耐张型和终端型等。直线型横担只承受导线的垂直荷载，耐张型横担主要承受两侧导线的拉力差，终端型横担主要承受导线的最大容许拉力。终端型横担根据导线的截面，一般应为双担，当架设大截面导线或大跨越档距时，双担平面间应加斜撑板。

2.1.3 导线

导线用于传导电流，导线材料一般由铜、铝或钢制成，也有的用银制成。导线常年在大气中运行，长期受风、冰、雪和温度变化等气象条件的影响，承受着变化拉力的作用，同时还受到空气中污物的侵蚀。导线分为裸导线和绝缘导线。

（1）裸导线除应具有良好的导电性能外，还必须有足够的机械强度和防腐性能，并要质轻价廉。作架空线路的导线通常采用导电性能良好的铜线、铝线、钢芯铝线等。

1）铝的导电性仅次于银、铜，但由于铝的机械强度较低，耐腐蚀能力差，所以裸铝线不宜架设在化工区和沿海地区，一般用在中、低压配电线路中，而且挡距一般不超过 100m。

2）拉断力指绞线在拉力增加的情况下，首次出现任一单（股）线断裂时的拉力。

（2）绝缘导线。低压架空绝缘线路适用于城市人口密集地区，线路走廊狭窄、架设裸导线线路与建筑物的间距不能满足安全要求的地区，以及风景绿化区、林带区和污秽严重的地区等。随着城市的发展，实施架空线路绝缘化是配电网发展的必然趋势。

1）绝缘导线分类。架空配电线路绝缘导线按电压等级可分为中压绝缘导线、低压绝缘导线；按架设方式可分为分相架设、集束架设。绝缘导线的类型有低压单芯绝缘导线、低压集束型绝缘导线等。

2）绝缘材料。目前户外绝缘导线所采用的绝缘材料一般为黑色耐气候型的交联聚乙烯、聚乙烯、高密度聚乙烯、聚氯乙烯等。这些绝缘材料一般具有较好的电气性能、抗老化及耐磨性能等，暴露在户外的材料添加有 1%左右的炭黑，以防日光老化。

3）绝缘导线的结构和技术性能如下：

a. 单芯低压绝缘导线为直接在线芯上挤包绝缘层。绝缘导线的线芯一般采用经紧压的圆形硬铝（LY8 型或 LY9 型）、硬铜（TY 型）或铝合金导线（LHA 型或 LHB 型）。

b. 低压集束型绝缘导线（LV－ABC 型）可分为承力束承载、裸中性线承载和整体自承载三种方式。整体自承载的低压集束型绝缘导线的线芯应采用经紧压的硬铝、硬铜或铝合金导线做线芯；采用承力束或裸中性线承载的低压集束型绝缘导线，相线可以采用未经紧压的软铜芯做线芯。还有低压并行绝缘接户线。压板夹住导线后，挂钩勾在横担上，引接简便，适用于较小的用电负荷，可减少占用空间走廊，有利于布线整洁。

2.1.4　绝缘子

架空电力线路的导线是利用绝缘子和金具连接固定在杆塔上的。用于导线与杆塔绝缘的绝缘子，在运行中不但要承受工作电压的作用，还要受到过电压的作用，同时还要承受机械力的作用及气温变化和周围环境的影响，所以绝缘子必须有良好的绝缘性能和一定的机械强度。通常，绝缘子的外形为波纹形，这种外形的优点：

（1）可以增加绝缘子的泄漏距离（又称爬电距离），同时每个波纹又能起到阻断电弧的作用。

（2）当下雨时，从绝缘子上流下的污水不会直接从绝缘子上部流到下部，避免形成污水柱造成短路事故，起到阻断污水水流的作用。

（3）当空气中的污秽物质落到绝缘子上时，由于绝缘子波纹凹凸不平，污秽物质将不能均匀地附在绝缘子上，在一定程度上提高了绝缘子的抗污能力。

瓷绝缘子具有良好的绝缘性能、抗气候变化的性能、耐热性和组装灵活等优点，被广泛用于各种电压等级的线路。金属附件连接方式分球型和槽型两种：在球形连接构件中用弹簧销子锁紧；在槽形结构中用销钉和开口销锁紧。瓷绝缘子是属于可击穿型的绝缘子。低压线路一般采用瓷质蝶式绝缘子，俗称茶台瓷瓶，分为高压、低压两种。

2.1.5　金具及拉线

在架空配电线路中，用于连接、紧固导线的金属器具，具备导电、承载、固定作用的金属构件，统称为金具。金具按其性能和用途可分为耐张金具、连接金具、接续金具、防护金具和拉线等。

（1）耐张金具。耐张金具的用途是把导线固定在耐张、转角、终端杆的悬式绝缘子串上。

（2）连接金具。连接金具主要用于耐张线夹、横担等之间的连接，有平行挂板、U 型挂环、直角挂板等几种。与槽型悬式绝缘子配套的连接金具可由 U 型挂环、平行挂板等组合；与球窝型悬式绝缘子配套的连接金具可由直角挂板、球头挂环、碗头挂板等组合。金具的破坏载荷均不应小于该金具型号的标称载荷值：7 型不小于 70kN；10 型不小于 100kN；12 型不小于 120kN。所有黑色金属制造的连接金具及紧固件均应热镀锌。

（3）接续金具。按承力分类，接续金具可分为非承力接续金具和承力接续金具两类：按施工方法分类，又可分为液压、钳压、螺栓接续及预绞式螺旋接续金具等；按接续方法分类，还可分为对接、搭接、铰接、插接、螺接等。

（4）防护金具。防护金具包括修补条与护线条。预绞丝修补条、护线条可用于大跨越线路导线抗振和导线断股的修补。

（5）拉线可以平衡受力杆塔各个方向所受到的作用力并抵抗环境或物理外力作用，防止杆塔倾倒。一般拉线用于终端杆、转角杆、T 接和耐张杆处，起到平衡拉力的作用。

拉线主要有拉线抱箍、拉线挂环、契型线夹、钢绞线、UT 型线夹、拉线棒、拉线 U 型螺栓、拉盘组成。

2.2 低 压 电 缆 线 路

在城市中心地带、居民密集的地方，高层建筑、工厂厂区内部、重要负荷及一些特殊的场所，考虑到安全和城市美观的需要，或受到地面位置的限制，一般都采用电力电缆线路。

2.2.1 低压电缆的特点

低压电缆线路是将电缆敷设于地下、水中、沟槽等处的电力线路。低压电缆线路具有以下特点：

（1）供电可靠，不受外界影响，不会因雷击、风害、挂冰、风筝和鸟害等造成断线、短路与接地等故障。

（2）不占地面和空间，不受路面建筑物的影响，适合城市与工厂使用。

（3）地线敷设，有利于人身安全。

（4）不使用杆塔，节约木材、钢材、水泥；不影响市容和交通。

（5）运行维护简单，节省线路维护费用。

由于电缆线路存在诸多优点，所以得到越来越多的使用。

2.2.2 低压电缆的型号和种类

我国电缆产品的型号由大写汉语拼音字母和阿拉伯数字组合而成。其中：

用字母表示电缆类别、导体材料、绝缘种类、内护套材料、特征；用数字表示铠装层类型和外被层类型。

电缆的规格除标明型号外，还应说明电缆的芯数、截面、工作电压和长度，如 ZQ21－3×50－250 即表示铜芯、纸绝缘、铅包、双钢带铠装、纤维外被层（如油麻）、3 芯 50mm²、长度为 250m 的电缆；又如 YJLV22－3×120－10－300 即表示铅芯、交联聚乙烯绝缘、聚氯乙烯内护套、双钢带铠装、聚氯乙烯外护套、3 芯 120mm²、电压为 10kV、长度为 300m 的电力电缆。

（1）聚氯乙烯绝缘电缆。其特点为：安装工艺简单；聚氯乙烯化学稳定性高，具有非燃性，材料来源充足；敷设维护简单方便；聚氯乙烯电气性能低于聚乙烯；难适应高落差敷设；工作温度高低对其有明显的影响。

（2）聚乙烯绝缘电缆。其特点为：有优良的介电性能，但抗电晕、游离放电性能差；工艺性能好，易于加工；耐热性差，受热易变形；易燃，易发生应力龟裂。

（3）交联聚乙烯绝缘电缆。其特点为：容许温升较高，故电缆的容许载流量较大；有优良的介电性能，但抗电晕、游离放电性能差；耐热性能好；适合用于高落差垂直敷设；接头工艺虽严格，但对技工的工艺技术水平要求不高，因此便于推广。

（4）橡胶绝缘电缆。其特点为：柔软性好，易弯曲，橡胶在很大的温差范围内具有弹性，适合作多次拆装的线路；耐寒性能较好；有较好的电气性能、机械性能和化学稳定性；对气体、潮气、水的渗透性较好；耐电晕、耐臭氧、耐热、耐油的性能差；只能作低压电缆使用。

选择电缆时，依据国家电网典型设计要求应选用交联聚乙烯电缆。

2.2.3 低压电缆的结构

低压电缆的结构主要包括导体、绝缘层和保护层三部分。

（1）导体。导体通常采用多股铜绞线或铝绞线制成。根据电缆中导体的数量，电缆可分为单芯、四芯等种类。单芯电缆的导体截面为圆形，三芯、四芯电缆的导体除了圆形外，还有扇形和卵圆形。

（2）绝缘层。电缆的绝缘层用来使导体间及导体与包皮之间相互绝缘。一般电缆的绝缘包括芯绝缘与带绝缘两部分，其中：芯绝缘层包裹着导体芯；带绝缘层包裹着全部导体，空隙处填以充填物。电缆所用的绝缘材料一般有油浸纸、橡胶、聚乙烯、交联聚氯乙烯等。

（3）保护层。电缆的保护层用来保护绝缘物及芯线，分为内保护层和外保护层。内保护层由铅或铝制成筒形，用来增加电缆绝缘的耐压作用，并且防水防潮、防止绝缘油外渗。外保护层由衬垫层（油浸纸、麻绳、麻布等）、铠装层（钢带、钢丝）及外被层组成其作用是防止电缆在运输、敷设和检修过程中受到机械损伤。

2.3 配电变压器

配电变压器是一种静止的电气设备，利用电磁感应原理将某一电压等级的交流电能变成频率相同的另一电压等级交流电能的设备。配电变压器按绝缘介质分为油浸式变压器和干式变压器；按调压方式分为无励磁变压器和有载调压变压器；按相数分为单相和三相变压器。目前我国广泛采用 S11 系列配电变压器，随着节能降耗政策的逐步深入，未来将逐步替代为节能、环保、低噪声的变压器，如非晶合金变压器、S13 系列变压器等，有望广泛应用于农村电网等负载较低的地区。

2.4 低压配电柜

低压配电柜是额定电流为交流 50Hz、额定电压 380V 的配电系统，作为动力、照明及配电的电能转换及控制之用。该产品具有分段能力强，动热稳定性好，电气方案引用灵活，组合方便，系列性、实用性强，结构新颖等特点。

低压配电柜按柜体结构大体可分为全封闭固定柜、半封闭固定柜以及组合装配式结构柜三种，主要代表柜型有 GGD、PGL、GCS；依据其功能不同，低压配电柜具体可分为进线柜、出线柜、电容柜以及联络柜。

2.4.1 进线柜

进线柜通常为由母线隔离开关、TA、断路器、线路隔离开关等一次设备组成的设备单元，由低压电源（变压器低压侧）引入配电装置的总开关柜。主电源进线装有主断路器。

隔离开关的作用：使检修设备与带电体之间有明显的断开点，使断路器与电源隔离。

断路器的作用：切合正常负荷电流和故障时的短路电流。

TA 的作用：计量及保护。

2.4.2　出线柜

出线柜通常为由母线隔离开关、断路器、TA、线路隔离开关等一次设备组成的设备单元。配电系统的出线开关柜带下级用电设备。出线柜与进线柜都是接于母线上的设备单元（间隔），但从保护范围考虑，一般它们的柜内一次设备的连接顺序不同。

2.4.3　电容柜

电容柜是增加无功功率补偿的设备，通常为由断路器、隔离开关、电容器、电抗器、功率因数自动补偿控制装置等一次设备组成的设备单元。

2.4.4　联络柜

联络柜通常为由母线隔离开关、断路器、TA、线路隔离开关等一次设备组成的设备单元。当系统有两路电源进线，且两路互为备用时，需要将两路电源的主母线进行联通，联通两段母线的开关柜角联络柜（注意：联络柜与两路进线柜一般禁止同时闭合）。

2.5　低 压 断 路 器

低压断路器是指能够关合、承载和开断正常回路条件下的电流，并能关合、在规定的时间内承载和开断异常回路条件（包括短路条件）下电流的开关装置。现场通常使用的是塑料外壳式自动空气断路器，又称为装置式自动空气断路器，它把触头系统、灭弧室、操动机构及脱扣器等主要部件都安装在一个塑料压制的外壳内（分底壳和盖两部分）。塑料外壳式自动空气断路器常用在电流较大的低压电路中作为总开关，电路过载或短路时其能自动跳闸。

塑壳式自动空气断路器的结构具有以下特点：

1）绝缘基座和盖采用良好的热固性塑料压制，具有良好的绝缘性能。

2）灭弧室采用去离子栅式。由于用金属薄片分割电弧，使电弧迅速冷却、熄灭。

3）触头采用银或银基合金材料制造，具有抗熔焊性强、耐磨损等特点。

4）操动机构采用四连杆机构，操作时能快速闭合和断开，自动开关触头分、合时间与操作速度无关。

5）脱扣器分为复式、电磁式、热脱扣和无脱扣器四种，其热脱扣器采用双金属片。

6）接线方式分板前接线和板后接线两种。

2.6　隔离开关和熔断器

（1）隔离开关。隔离开关又称闸刀开关或刀开关，它是手控电器中最简单且使用较广泛的一种低压电器。隔离开关通常由手柄、闸刀本体、静触座、接装熔丝的触头、上胶盖、下胶盖组成。

以熔断体作为动触头的，称为熔断器式隔离开关，简称刀熔开关；采用隔离开关结构型式的称为刀形转换开关；采用叠装式触头元件组合成旋转操作的称为组合开关。

隔离开关的主要功能有：① 隔离电源，以确保电路和设备维修的安全或作为不频繁地接通和分断额定电流以下的负载用；② 分断负载，如不频繁地接通和分断容量不大的低压电路或直接启动小容量电机；③ 隔离开关处于断开位置时，可明显观察到，能确保电路检修人员的安全。

（2）低压熔断器。低压熔断器是指当电流超过规定值时，以本身产生的热量使熔体熔断，从而断开电路的一种电器。低压电缆分接箱中通常使用的是 RTO 系列管式熔断器。RTO 型熔断器具有很高的分断能力和良好的安秒特性，在低压电网保护中与其他保护电器，如自动开关、磁力启动器等相配合，能组成具有一定选择性的保护。因此，多被用于短路电流较大的低压网络和配电装置中。其缺点是熔体熔断后不能更换，且制作工艺要求高。

2.7　低压电流互感器

低压电流互感器可分为穿心式电流互感器和蝶式电流互感器，其工作原理依据电磁感应原理。电流互感器由闭合的铁芯和绕组组成，它的一次绕组匝数很少，串在需要测量的电流的线路中，因此它经常有线路的全部电流流过；二次绕组匝数比较多，串接在测量仪表和保护回路中。电流互感器在工作时，它的二次回路始终是闭合的，因此测量仪表和保护回路串联线圈的阻抗很小，电流互感器的工作状态接近短路。

电流互感器的作用是可以把数值较大的一次电流通过一定的变比转换为数值较小的二次电流，用来进行保护、测量等用途。如变比为 400/5 的电流互感器，可以把实际为 400A 的电流转变为 5A 的电流。

2.8　剩余电流动作保护装置

剩余电流动作保护装置（漏电保护装置）是用来防止人身触电和漏电引起事故的一种接地保护装置，当电路或用电设备漏电电流大于装置的整定值，或人、动物发生触电危险时，它能迅速动作，切断事故电源，避免事故的扩大，保障人身、设备的安全。因此，漏电保护开关的正确选用和维护管理工作是做好农村安全用电的主要技术、管理措施。

用于防止人身触电事故的漏电保护装置，一般根据直接接触保护和间接接触保护两种不同的要求选用，在选择动作特性时也应有所区别。

直接接触保护是防止人体直接触及电气设备的带电导体而造成的触电伤亡事故，当人体和带电导体直接接触时，在漏电保护装置动作切断电源之前，通过人体的触电电流和漏电保护装置的动作电流选择无关，它完全由人体触电的电压和人体电阻所决定，漏电保护装置不能限制通过人体的触电电流，所以用于直接接触保护的漏电保护装置必须具有小于 0.1s 的快速动作性能，或具有 IEC 漏电保护装置标准规定的反时限特性。

间接接触保护是为了防止用电设备在发生绝缘损坏时，在金属外壳等外露金属部件上呈现危险的接触电压。漏电保护开关的动作电流 I 的选择应和用电设备的接地电阻 R 和容许的接触电压 U 联系考虑，用电设备上的接触电压 U 要小于规定值。

漏电保护器的动作电流 Im 选择原则为

$$I\Delta n \leqslant U/R$$

式中　U——容许接触电压；

　　　R——设备的接触电阻。

一般对于额定电压为 220V 或 380V 的固定式电气设备，如水泵、磨粉机等其他容易与人体接触的电气设备，当用电设备金属外壳的接地电阻在 500Ω 以下时，可选用 30～50mA、0.1s 以内动作的漏电保护装置；当用电设备金属外壳的接地电阻在 100Ω 以下时，可选用 200～500mA 的漏电保护装置；对于较重要的

用电设备，为了减少瞬间的停电事故，也可选用动作电流为 0.2s 的延时型保护装置。

家庭使用的用电设备由于经常带有频繁插进、拔出的插头，同时，部分居民住宅没有考虑接地保护设施。当用电设备发生漏电碰壳等绝缘故障时，设备外壳可能呈现和工作电压相同的危险电压，极易发生触电伤亡事故，因此，电气设备安装规程中规定，必须在家庭进户线的电能表后面安装动作电流 30mA、0.1s 以内动作的高灵敏型漏电保护开关。

2.9 无功补偿装置

电容器是电力系统无功补偿的手段，运行中电容器的容性电流抵消感性电流，使传输元件如变压器、线路中的无功功率相应减少，不仅降低了由于无功功率的流向而引起的有功功率损耗，还减少了电压损耗，提高了功率因数，达到无功补偿的作用。

最常见的低压无功补偿装置为并联补偿电容器，在电力系统中，凡是有线圈的设备，工作时从系统中取出一部分电流做功，另外还要取出一部分电流建立磁场而不做功，这部分电感电流为 0 时，功率因数为 1；这部分电感电流越大，功率因数越低，变压器额外负担越大，线路损耗越大，电压损失增加，供电质量降低。因此，最有效的办法就是并联电容器，使之产生电容电流来抵消电感电流的损失，将无功电流减小到一定的范围内。

2.10 低压避雷器

低压防雷措施一般有避雷器、浪涌和漏电保护三种，通常采用避雷器作为主要防雷装置。在低压设备中，避雷器多采用氧化锌避雷器。

2.10.1 氧化锌避雷器

氧化锌避雷器是应用广泛且有效的过电压限制器。它与被保护设备并联运行，当作用电压超过一定幅值以后，避雷器先动作，通过它自身泄放掉大量的能量，限制过电压，保护电器设备。0.38kV 低压线路选用氧化锌避雷器，其型号参数。

2.10.2　浪涌

浪涌保护器（电涌保护器，简称 SPD）适用于交流 50/60Hz、额定电压 220～
380V 的供电系统（或通信系统）中，对间接雷电和直接雷电影响或其他瞬时过
电压的电涌进行保护，适用于家庭住宅、第三产业以及工业领域电涌保护的要求，
具有相对相、相对地、相对中线、中线对地及其组合等保护模式。

浪涌也叫突波，顾名思义就是超出正常工作电压的瞬间过电压。本质上讲，
浪涌是发生在几百万分之一秒时间内的一种剧烈脉冲，可能引起浪涌的原因有
重型设备、短路、电源切换或大型发动机，而含有浪涌阻绝装置的产品可以有
效地吸收突发的巨大能量，以保护连接设备免于受损。

浪涌保护器，也叫防雷器，是一种为各种电子设备、仪器仪表、通信线路
提供安全防护的电子装置。当电气回路或者通信线路中因为外界的干扰突然产
生尖峰电流或者电压时，浪涌保护器能在极短的时间内导通分流，从而避免浪
涌对回路中其他设备的损害。

2.11　低压电缆分支箱

低压电缆分支箱是一种用来对电缆线路实施分支、接续及转换电路的设备，
多用于户外。低压电缆分接箱通常分为落地式和壁挂式。

低压电缆分接箱主要元件包括控制开关、母线排、绝缘子和箱体。

2.11.1　控制开关

低压电缆分接箱的控制开关主要分为低压断路器及熔断器两种，如 1.5、1.6
节所述。

2.11.2　母线排

母线排是电力配电设备上的导电材料名称，材质扁铜，部分存在绝缘塑封，
并有表示相序的颜色区分。

2.11.3　绝缘子

绝缘子是用来支持和固定母线与带电导体并使带电导体或导体与大地之间
有足够的距离和绝缘。绝缘子应具有足够的电气绝缘强度和耐潮湿性能。

2.11.4 箱体

箱体即低压电缆分接箱的箱式外壳，分 SMC 复合材料组合方式和金属板制作方式两种。

2.12 接户装置和进户线

2.12.1 导线

导线用以传导电流、输送电能。导线在运行中长期受风雨、冰雪及温度变化等气象条件的影响，承受着变化拉力的作用，同时还受到空气中污物的侵蚀。因此，除了具有良好的导电性能外，还必须有足够的机械强度和防腐性能。

（1）接户线。从低压架空线路以架空方式引至户联线首端（或低压架空电力线路直接引至用户室外）第一支持物的一段线路，俗称引下线。

（2）户联线。使用支架和绝缘导线沿建筑物表面架设的低压电力线路。

（3）进表线。从户联线（或从接户线末端支持物）引至用户室外计量装置进线端的一段线路，俗称表前线。

根据相应标准要求接户线及户联线应采用绝缘导线。

（1）绝缘导线分类。绝缘导线的类型有低压单芯绝缘导线、低压集束型绝缘导线等。按架设方式可分为分相架设、集束架设。

（2）绝缘材料。目前户外绝缘导线所采用的绝缘材料一般为黑色耐气候型的交联聚乙烯、聚乙烯、高密度聚乙烯、聚氯乙烯等。这些绝缘材料一般具有较好的电气性能、抗老化及耐磨性能等，暴露在户外的材料添加有 1%左右的炭黑，以防日光老化。

2.12.2 绝缘子

绝缘子用来支持和悬持导线，并使之与杆塔、建筑物形成绝缘。绝缘子承受高压和机械力的作用并受大气变化的影响，应满足绝缘强度和机械强度的要求，同时有足够的抗化学杂质侵蚀的能力。

绝缘子的波纹外形具有增加绝缘子的爬电距离、起到阻断电弧的作用，且使绝缘子上流下的雨水、污水不会直接从绝缘子上部流到底部，避免污水柱造成短路事故，起到阻断水流的作用。同时，当污秽物质落到绝缘子上时，因绝缘子凹凸不平的波纹，污秽物质将不能均匀地附在绝缘子上，在一定程度上提高了抗污能力。

低压接户线、户联线常用的绝缘子是瓷质低压蝶式绝缘子。瓷绝缘子具有良好的绝缘性能、适应气候变化的性能和耐热性和组装灵活等优点，被广泛用于各种电压等级的线路。金属附件连接方式分球型和槽型两种。在球型连接构件中用弹簧销子锁紧；在槽型结构中用销钉加用开口销锁紧。瓷绝缘子是属于可击穿型的绝缘子。

2.12.3　低压金具

在架空配电线路中，用于连接、紧固导线的金属器具，具备导电、承载、固定的金属构件，统称为金具。金具按其性能和用途可分为悬吊金具（悬垂线夹）、耐张金具（耐张线夹）、接触金具（设备线夹）、接续金具、防护金具和连接金具等。

2.13　台区智能融合终端

台区智能融合终端是智慧物联体系"云管边端"架构的边缘设备，具备信息采集、物联代理及边缘计算功能，支撑营销、配电及新兴业务。采用硬件平台化、功能软件化、结构模块化、软硬件解耦、通信协议白适配设计，满足高性能并发、大容量存储、多采集对象需求，集配电台区供用电信息采集、各采集终端或电能表数据收集、设备状态监测及通信组网、就地化分析决策、协同计算等功能于一体的智能化融合终端设备。

智能融合终端产品主控模块基于"国网芯" SCM701 主控芯片设计，采用 Cortex－A7 架构单芯 4 核处理器、主频 1.2GHz，外围集成 2GBDDR3 和 8GBFLASH 存储器，为硬件平台化奠定坚强基础，同时采用实时嵌入式 Linux 操作系统（Linux3.10），搭建了一个可靠性高、速度快、存储容量大、开放性强的智能配用电台区终端平台。

智能融合终端支持配电和用采系统通信协议，远程通信支持以太网、4G 公网及微功率无线的通信方式将数据分别上送配电主站和用采主站，下行通过电力线载波、RS－485 与电能表及一次设备进行通信，支持远程升级。外围功能模块采用专用通信、采集、计量、控制等芯片，配合低功耗 MCU 实现无线通信、电力线载波通信、状态量采集和控制等功能。计量采用工业级交流采集测量芯片 ATT7022E，保证了宽温度范围内的精度要求。

终端定位于低压配用电物联网核心，采用平台化硬件设计和边缘计算架构，支持就地化数据存储与决策分析。终端采用模块化、可扩展、低功耗、免维护的设计标准，适应复杂运行环境，具有高可靠性和稳定性。终端采用统一标准的系统开发环境，实现软、硬件解耦。终端功能以应用软件方式实现，满足配网业务的灵活、快速发展需求，见图 2-1 和图 2-2。

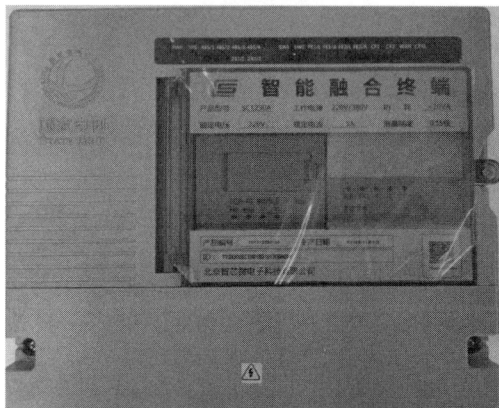

图 2-1　台区智能融合终端外观

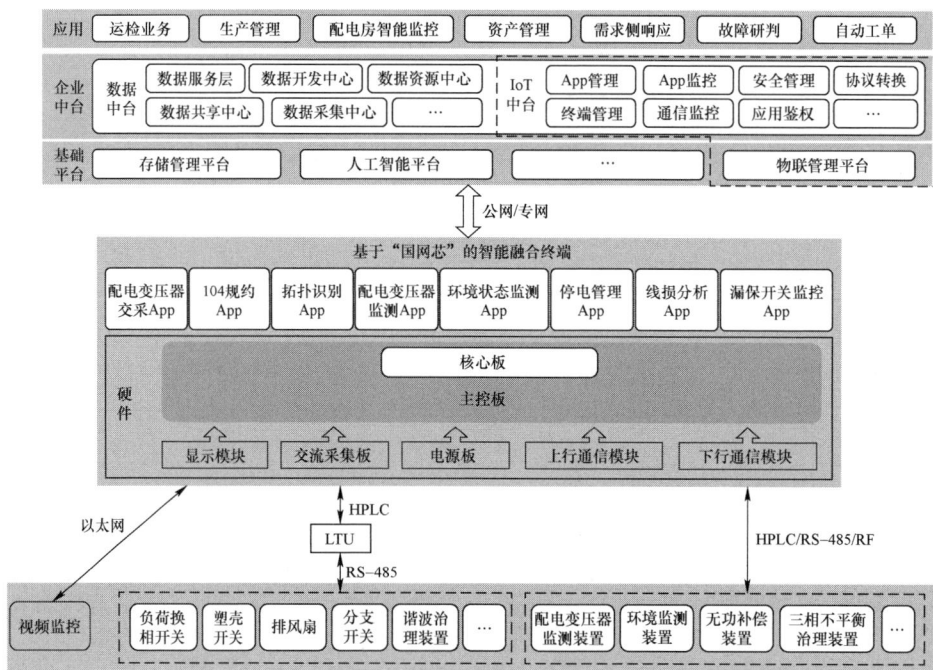

图 2-2　智能融合终端架构及应用场景

2.14 计量采集设备

低压配电网的电能计量装置主要包括各种类型的电能表、计量用电流互感器及其二次回路、电能计量柜（箱）等。计量装置主要用于计量用户的电能使用量，用于贸易结算或电力企业内部考核，确保计量装置的准确、可靠是体现电能贸易结算公开、公平、公正的基本条件。

电表箱壳体是电能表的保护装置。按材质可分为金属表箱和非金属表箱，如 ABS（工程塑料）表箱、PC（聚酯碳酸）表箱、SMC（片状模塑料）表箱、DMC（团状模塑料）表箱等；按表位数可分为单表位表箱和多表位表箱；按用途可分为单相表表箱、三相表表箱、混合表箱及采集箱；不同表箱的内部元器件配置不尽相同。

电能表是用来测量电能的装置，其规格种类繁多，根据功能用途、准确度等级、相线数等可分为多种类型，包括单相电能表、三相电能表、多费率电能表、智能电能表等。常见的电能表有单相费控智能电能表和三相费控智能电能表。作为贸易结算用计量器具，电能表需确保其计量准确、运行可靠稳定。

采集设备主要用于对各采集点电能信息的采集和监控，是用电信息采集系统的重要组成部分。采集设备主要有专变终端、公变终端、Ⅱ 型集中器（无线采集器）、载波集中器、载波采集器等，其通信方式可分为无线和有线两种，通信通道可分为上行通道和下行通道。其中，上行通道主要用于采集设备和主站之间的双向数据通信，也称为远程通道；下行通道主要用于采集设备和智能用电设备之间的双向数据通信，也称为本地通道。

第3章

低压配电设备运检业务

3.1 日 常 运 维

3.1.1 低压架空线路运行与维护

电压等级在 220～380V 时称为低压配电线路，主要对小型工厂、农村、商店和居民等进行供电。其中低压架空线路由杆塔、横担、绝缘子、导线、变压器等组成，其结构比较简单，运行、维护和故障处理等比较方便，在一般城市、郊区以及农村普遍设置架空线路。

低压架空线路巡视周期为：市区每月至少一次，郊区和农村每三个月至少一次。巡视检查的主要内容如下所示：

（1）线路通道。

1）有无危及线路安全的易燃、易爆物品和腐蚀性气（液）体。

2）导线对地，对道路、公路、铁路、索道、河流、建筑等的距离应符合相关规定，有无可能触及导线的铁烟囱、天线、路灯等。

3）有无危及线路安全的树木、竹林、建筑、构架、广告牌等情况。

4）有无威胁线路安全的土方、爆破、路政等工程。

5）有无威胁线路安全运行的射击、放风筝、抛扔杂物和在杆塔、拉线上拴牲畜等行为。

6）是否存在山洪、泥石流等自然灾害对线路的影响。

7）是否存在电力设施被擅自移作他用的现象。

8）线路附近出现的高大机械、揽风索及可移动的设施等。

9）有无违章搭挂情况。

（2）杆塔和基础。

1）埋深、倾斜度是否符合要求，有无因取土、开挖等造成杆塔倾斜或埋深不足等现象。杆塔位移偏离线路中心线不应大于 0.1m。

2）基础有无下沉、开裂、损伤，防洪设施有无损坏、坍塌。周围土壤有无挖掘或沉陷，杆塔埋深是否符合要求。

3）杆塔及附件有无弯曲、变形、锈蚀，连接螺栓有无松动缺失，接地是否可靠。

4）水泥杆表面有无裂纹、露筋，组合式杆塔的焊接处有无开裂、锈蚀。横向裂纹不宜超过 1/3 周长，且裂纹宽度不宜超过 0.5mm。

5）有无被碰撞的痕迹和可能，各类标识是否齐全清晰，位于路边的杆塔的防撞措施是否到位、有效，杆塔是否被充当临时或永久锚桩。

6）杆塔上有无危及线路安全运行的蜂鸟巢穴、风筝或其他杂物，有无藤蔓类植物附生。

（3）导线。

1）裸导线有无腐蚀、断股、烧伤的痕迹，绑扎线有无脱落。

2）绝缘导线的端头、接头是否有绝缘护封。

3）架空绝缘导线、平行集束导线的表面是否有气泡、鼓肚、砂眼、露芯、绝缘断裂等。

4）弧垂是否符合要求，三相弛度是否平衡，有无过紧、过松现象，导线的固定、连接是否可靠。

5）导线连接部位是否良好，有无过热变色和严重腐蚀，连接线夹是否缺失。

6）导线上有无影响线路正常运行的异物，绝缘导线上的验电接地环是否完好。

7）过引（跳）线与杆塔、构件及其他引线间的距离是否符合规定。

8）有无因建房或道路抬高造成导线对新建房屋、道路安全距离不足。

（4）横担及金具。

1）横担有无锈蚀、歪斜、变形。

2）金具有无缺失，有无锈蚀、变形、裂缝，各活动部位有无卡阻现象。

3）接续金具有无发热、变形、开裂、严重腐蚀等现象。

（5）绝缘子。

1）安装是否牢固，有无偏斜，螺母、销子等有无缺失。

2）瓷质表面有无脏污、破损、放电痕迹。

3）金属部分有无锈蚀、裂纹、镀锌层脱落等现象，与瓷件连接处有无裂纹、断裂。

（6）拉线。

1）拉线基础是否牢固，周围土壤有无突起、沉陷、缺土等现象。

2）拉线有无锈蚀、松弛、断股和张力分配不匀等现象，拉线的受力角度是否适当，当一基杆塔上装设多条拉线时，各条拉线的受力应一致。

3）拉线棒有无严重锈蚀、变形、损伤及上拔现象，必要时应作局部开挖检查。

4）金具附件有无变形、松动、损坏、缺失等现象。拉线的抱箍、拉线棒、UT 型线夹、楔型线夹等金具铁件有无变形、锈蚀、松动或丢失现象。

5）拉线绝缘子是否损坏或缺少，安装位置是否合适，对地距离是否符合要求。

6）水平拉线跨越道路时对路面（含路肩）的垂直距离是否满足要求。

7）有无因环境变化而影响交通，防撞措施是否齐全。

8）拉线上有无危及线路安全运行的藤蔓类植物附生或其他杂物。

3.1.2 低压电缆线路运行与维护

电缆的运行工作包括线路巡视、预防性试验、负荷温度测量等内容。电缆内部故障虽不能通过巡视直接发现，但通过对电缆敷设环境条件的巡视、检查、分析，仍能发现缺陷和其他影响安全运行的问题。因此，加强巡视检查对电缆安全运行和检修有着重要意义。巡视周期如下：

1）敷设在土中、隧道中以及沿桥梁架设的电缆，每三个月至少巡视一次。可根据季节及基建工程特点增加巡视次数。

2）电缆竖井内的电缆，每半年至少巡视一次。

3）对挖掘暴露的电缆，应加强巡视。

4）电缆终端头，根据现场运行情况每 1～3 年停电检查一次。污秽地区的电缆终端头的巡视与清扫的期限可根据当地的污秽程度决定。

电缆线路巡视的主要内容除以上相关要求外，还应检查以下内容：

1）对敷设在地下的每一电缆线路，应查看路面是否正常，有无挖掘痕迹以及路线标桩是否完整无缺等。

2）电缆相互之间容许最小间距以及与其他管线、构筑物基础等最小间距是否符合规定。

3）电缆的各种基础有无下沉,周围有无影响安全运行的杂物堆积或植物生长。

4）配电屏（控制箱）的电缆进出孔、穿越墙体（楼板）的孔洞、排管口有无封堵措施,进出管（孔）口的电缆有无损伤变形,工作井盖板能否正常打开,备用排管是否被异物堵塞和有无断裂现象。

5）竖井设置的阻火隔层是否完好。

6）应悬挂或安装的命名标识、相位标识、警告标识、标识砖、路径指示牌、限高标识等是否齐全、清晰、正确、完好。

7）桥架本体有无开裂痕迹,附属材料有无明显老化,各连接螺丝是否缺损、锈蚀。

8）坡度较大的地段,防止电缆滑落的措施是否齐全。

9）电缆线路上不应堆置瓦砾、矿渣、建筑材料、笨重物件、酸碱性排泄物或石灰坑等。

10）对于通过桥梁的电缆,应检查两端是否拖拉过紧,保护管或槽有无脱落开或锈烂现象。

11）对于备用排管应用专用工具疏通,检查其有无断裂现象。

12）人井内电缆铅包在排管口及挂钩处,不应有磨损现象,需检查衬铅是否失落。

13）对在户外与架空线连接的电缆和终端头,应检查终端头是否完整,引出线的接点有无发热现象,靠近地面一段电缆是否被车辆碰撞等。

14）多根并列电缆要检查电流分配和电缆外皮的温度情况,防止因接点不良而引起电缆过负荷或烧坏接点。

15）查看电缆是否过负荷,电缆原则上不容许过负荷。

16）敷设在房屋内、隧道内和不填土的电缆沟内的电缆,要特别检查防火设施是否完整。

3.1.3 配电变压器低压一体箱运行与维护

3.1.3.1 基本巡视内容

（1）总负荷及各分路负荷与仪表的指示值是否对应,三相负荷是否平衡,三相电压是否平衡,电路末端的电压降是否超过规定。

（2）各部位连接点（包括母线连接点）有无过热、螺母有无松动或脱落、发黑现象；整个装置的各部位有无异常响动或异味、焦煳味；装置和电器的表面是否清洁完整，接地连接是否正常良好。

（3）绝缘子有无损伤、歪斜或放电现象及痕迹，母线固定卡子有无松脱。

（4）一体箱体门窗是否完整，通风和环境温度、湿度是否满足电气设备的要求；下雨时，一体箱内是否渗漏雨水或是否有渗漏痕迹。

3.1.3.2 隔离开关的运行与维护

（1）检查负荷电流是否超过隔离开关的额定值。

（2）检查隔离开关是否有动、静触头连接不实，静触片闭合力不够或开关合闸不到位的故障。

（3）检查隔离开关电源侧和负荷侧，进出线端子与开关连接处是否压接牢固，有无接触不实，过热变色等现象。

（4）检查绝缘连杆、底座等绝缘部分有无损坏和放电现象。

（5）检查动、静触头有无烧伤或缺损，灭弧罩是否清洁完整。

（6）检查隔离开关三相闸刀在分合闸时，是否同时接触或分开，触头接触是否紧密。

（7）操作机构应完好、动作应灵活，分合闸位置应准确到位。顶丝、销钉、拉杆等均应完好，无缺损、断裂。

（8）对刀熔开关，特别注意调整其同相位内的上下触头同时闭合和上下触点间的中心位置，以使其接触紧密。

3.1.3.3 低压断路器的运行与维护

配电变压器低压一体箱由于机构和箱体的限制，一般采用的是塑壳断路器（又称为装置式断路器），塑壳断路器日常维护要求如下：

（1）必须严格按说明书规定安装塑壳断路器。

（2）对环境有特殊要求的塑壳断路器（恒温、恒湿、防震、防尘）企业应采取相应措施，确保设备精度性能。

（3）塑壳断路器在日常维护保养中不许拆卸零部件，发现异常立即停车，不容许带病运转。

（4）严格执行设备说明书规定的切削规范，只容许按直接用途进行零件精加工。加工余量应尽可能小，加工铸件时，毛坯面应预先喷砂或涂漆。

（5）非工作时间应加护罩，长时间停歇时应定期进行擦拭、润滑、空运转。

（6）附件和专用工具应有专用地方搁置，保持清洁，防止碰伤，不得外借。

3.1.3.4　电流互感器的运行与维护

电流互感器在运行过程中，运行人员要定期对其进行维护检查，通常采用目测、耳听和鼻嗅三种方法进行检查，具体检查内容有以下各项。

1. 目测检查

（1）接线端子是否过热、变色；一、二次回路接线应牢固，各接头无松动现象。

（2）套管是否清洁，有无裂纹和闪络痕迹。

（3）检查二次侧接地是否牢固，二次侧的仪表等接线是否紧密，检查二次端子是否接触良好，有无开路放电或打火，检查端子箱是否清洁，有无杂物。

2. 耳听检查

（1）否有异常音响。

（2）电流互感器有无由于固定不紧而产生较大的嗡嗡声。

（3）有无由于二次开路产生异常声响等。

3. 鼻嗅检查

（1）检查是否因有过负荷而产生的焦煳味。

（2）检查是否有由于接线端子接触不良引起放电产生的臭氧味等。

3.1.3.5　电容器的运行与维护

（1）电容器应按照周期顺序来巡查，并记录完整的资料，至少半月一次左右，夏季在温度最高时巡查，其他时间则在电压最高时巡查。需要仔细检查的内容如下：

1）电容器外壳是否膨胀，是否有漏油、渗漏现象。

2）电容器外壳是否有放电痕迹，其内部是否有放电声或其他异常声响。

3）电容器的部件是否完整，引出端子出现瓷套管是否松动，出线瓷套管是否有裂痕和漏油，瓷釉有无脱落。

4）电压表电流表所记录的数据时间正确等方面。

（2）运行的电容器应该按周期巡视停电检查，电容器的检查每季度一次，另外，电容器套管的放电情况、电容器接头温度、风道清洁方面、电容器外壳是否膨胀与漏油、电容器熔断方面的维护等都是检查中的重点。

3.1.4 低压配电柜运行与维护

低压配电柜的巡视检查周期为每季度巡视一次，巡视检查的主要内容如下：

（1）仪表信号、开关位置状态的指示要对应，三相负荷、三相电压指示正确。

（2）整个装置的各部位有无异常响动或异味、焦煳味；装置和电器的表面是否清洁完整。

（3）易受外力震动和多尘场所，应检查电气设备的保护罩、灭弧罩有无松动、是否清洁。

（4）低压配电室的门窗是否完整，通风和室内温度、湿度应满足电器设备的要求。

（5）室内照明完好，备品、备件是否满足运行维修的要求，安全用具及携带式仪表是否符合使用要求。

（6）断路器、接触器的电磁线圈吸合是否正常，有无过大噪声或线圈过热。

（7）异常天气或发生故障及过负荷运行时应加强检查、巡视。

（8）设备发生故障后，重点检查熔断器及保护装置的动作情况，以及事故范围内的设备有无烧伤或毁坏情况，有无其他异常情况等。

（9）低压配电装置的清扫检修一般每年不应少于两次。其内容除清扫和测试绝缘外，主要检查各部位连接点和接地点的紧固情况及电器元件有无破损或功能欠缺等，并应妥善处理。

3.1.5 低压电缆分接箱运行与维护

3.1.5.1 运行要求

低压电缆分接箱的运行要求主要包括：

（1）所有的电气设备安装均应符合电气设备安装规程要求，并有安装记录、设备交接试验记录、竣工图纸资料以及设备合格证。

（2）低压电缆分支箱内应有电气一次接线图，电脑打印，压膜张贴。

（3）所有进出线管孔应封堵严密，电缆沟无积水。

（4）低压电缆分支箱的柜门上应有双重名称、电压等级，所有设备均有警告标志牌。

（5）所有进出线应有名称，开关应有编号，电缆上应挂牌，标明电缆型号、规格长度、起止点等。

（6）所有设备应定期（每两个月一次）、定人（设备管理人）进行巡视。巡视须两人进行，并遵守安规相关要求。

3.1.5.2　巡视内容

低压电缆分接箱的巡视内容主要包括：

（1）各种标示（警示牌、名称编号牌、制造厂家铭牌等）是否齐全、正确，柜门是否完好。

（2）箱内套管有无受力变形现象；有无破损、裂纹、严重污秽、闪络放电痕迹。

（3）箱内有无异常声响及气味，各种仪表指示是否正常。

（4）封堵是否严密，有无小动物进入痕迹。

（5）电缆终端热、冷缩加长管口部位有无开裂。

（6）设备周围有无危及设备安全的隐患。

（7）低压分支箱的柜门均应上锁。

（8）低压分支箱的电缆终端头应进行红外测温，测量周期每 6 个月至少一次。除正常巡视外，根据设备、负荷、气候情况及节假日或有重要保电任务时，应安排特殊巡视、夜间巡视和测温，并有相应记录。

（9）所有设备应配备相应的备品、备件，定期清扫，保持部件齐全，照明完好，环境清洁。

（10）所有设备的接地装置连接应牢固可靠，无锈蚀损坏现象；每条电缆的接地线应做接地处理，不得将几根接地线捆扎后做一点接地。

（11）在潮湿的环境应配备抽湿机或加热除湿设备。

（12）所有电气设备应按电气设备预防性试验规程及有关规定进行预试，并按计划进行检修。

（13）电缆分支箱内电缆带电插拔应先切断负荷后方可进行。

（14）低压电缆分支箱内有电流互感器的，如未接线，不能开路。

（15）电缆分支箱内电缆母排预留时应加装保护帽。

3.1.6　电表箱运行与维护

电表箱每三个月至少巡视一次，巡视检查的主要内容如下：

（1）表箱安装是否牢固，对地距离是否符合规定，是否妨碍行人、车辆的通行；有无被雨水冲刷的现象，固定处的墙体有无破损。

（2）非金属表箱有无老化；金属表箱是否锈蚀、外壳接地是否良好，接地电阻是否小于 30 欧姆。

（3）表箱外壳有无变形、破损，进出线孔洞封堵、门锁是否完好，有无异物；观察窗是否完整、清晰。

（4）表计安装是否牢固；倾斜是否超过规定值。

（5）表计、表箱的封印、标识是否齐全完好。

（6）表箱内的电气装置连接是否良好，有无过热现象、螺母有无松动或脱落、发黑现象。

（7）表计的接线是否正确，运转是否正常，有无异声、异味、发黄、烧坏等现象。

（8）表计进出线有无绝缘老化、露芯、过热烧坏等现象。

（9）用电信息采集系统运行是否正常。

（10）有无违约、窃电现象。

（11）有无危及安全运行的其他情况。

3.1.7 防雷设施运行与维护

3.1.7.1 巡视

防雷设施的巡视结合低压线路及设备的巡视一同开展，分为日常巡视和特殊巡视两类。

日常巡视：

（1）瓷套应清洁，无裂纹、破损、放电痕迹。

（2）避雷器内部无响声。

（3）引线无松股、断股、烧伤痕迹。

（4）均压环应平正，无松动、歪曲。

（5）接地应良好，无锈蚀。

（6）在线监测仪的动作记录器密封应良好，动作记录有无变化，全电流指示数与初始值无大变异。

特殊巡视：

（1）天气异常或雷雨后巡视项目：瓷套无裂纹、破损、放电痕迹；在线监测仪的动作记录器密封良好；抄录指示数读数。

（2）过电压运行巡视项目：瓷套无裂纹、破损、放电痕迹；上部和底部的压力释放装置应完好；无异常声音；在线监测仪的动作记录器密封良好；指示数与初始值无大变异。

（3）有严重缺陷巡视项目：检查母线电压正常；瓷套裂纹或破损处无放电痕迹；在线监测仪的动作记录器密封良好，指示数与初始值无大变异；缺陷无加速发展的趋势。

（4）节假日：按日常巡视项目进行。

（5）夜间巡视：瓷套应清洁，无裂纹、破损、放电痕迹，无异常声音。

3.1.7.2　检查和维护

（1）防雷装置引雷部分、接地引下线和接地体三者之间连接良好。

（2）运行中应定期测试接地电阻，接地电阻应符合规定要求。

（3）避雷器应定期做好预防性试验。

（4）避雷针、避雷线及其接地线无机械损伤和锈蚀现象。

（5）避雷器绝缘套管应完整，表面应无裂纹、无严重污染和绝缘剥落现象。

（6）定期抄录放电记录器所指示的避雷器的动作次数，避雷器在每年雷雨季前应检查放电计数器动作情况，并进行测试，测试 3～5 次，均应正常动作，测试后计数器指示应调到"0"。

（7）加强技术管理。对运行在网上的每一只氧化锌避雷器建立技术档案，对出厂报告、定期测试报告及在线监测仪的运行记录均要存入技术档案，直至该避雷器退出运行。

此外，在每年的雷雨季节来临之前，应进行一次全面的检查、维护，并进行必要的电气预防性试验。

3.1.8　接地装置运行与维护

3.1.8.1　接地装置的检查

接地装置在日常运行时容易受自然界及外力的影响与破坏，致使接地线发生锈蚀中断、接地电阻变化等现象，这将影响电气设备和人身安全。因此，在正常运行中的接地装置应该有正常的管理、维护和周期性的检查、测试和维修，以确保其安全性能。接地装置检查具体内容如下：

（1）接地线有无折断、损伤或严重腐蚀。

（2）接地支线与接地干线的连接是否牢固。

（3）接地点土壤是否因受外力影响而有松动。

（4）重复接地线、接地体及其连接处是否完好无损。

（5）检查全部连接点的螺栓是否有松动，并应逐一加以紧固。

（6）挖开接地引下线周围的地面，检查地下 0.5m 左右地线受腐蚀的程度，若腐蚀严重，应立即更换。

（7）检查接地线的连接线卡及跨接线等的接触是否完好。

3.1.8.2 降低接地电阻值的方法

在电阻系数较高的砂质、岩盘等土壤中，要达到所要求的接地电阻值往往会有一定困难，在不能利用自然接地体的情况下，只有采用人工接地体。降低人工接地体电阻值的常用方法如下：

（1）换土。用电阻率较低的黏土、黑土或砂质黏土替换电阻率较高的土壤。

（2）深埋。若接地点的深层土壤电阻率较低，可适当增加接地体的埋设深度，最好埋到有地下水的深处。

（3）外引接地。由金属引线将接地体引至附近电阻率较低的土壤中。

（4）化学处理。在接地点的土壤中混入炉渣、废碱液、木炭、炭黑、食盐等化学物质或采用专门的化学降阻剂，均可有效地降低土壤的电阻率。

（5）保水。将接地极埋在建筑物的背阳面或较潮湿处。

（6）延长。延长接地体，增加与土壤的接触面积，以降低接地电阻。

（7）对冻土处理。在冬天向接地点的土壤中加泥炭，防止土壤冻结，或将接地体埋在建筑物的下面。

3.2 设 备 检 修

3.2.1 架空线路检修

3.2.1.1 杆塔的更换

（1）拆除旧杆塔。

1）做好防止倒杆措施。在要更换的杆塔两侧第一基杆的横担处，分别设置好防止倒杆的临时拉线。

2）吊车进入合适位置，杆上人员绑好承力吊点，利用吊车将杆塔身固定。吊点应挂在不妨碍杆上人员工作的地方，且必须在杆身和所装材料的重心以上的位置。锥型杆塔重心简便估算公式为混凝土杆塔重心距根部的距离 = 混凝土杆塔长 $\times 0.4 + 0.5$。

3）拆除杆塔两侧的导线。拆除导线顺序为：先拆除中相导线，再拆除两边相导线。

4）导线全部拆除后，工作人员把所用工具全部卸下，用绳索传至地面。

5）杆上人员与地面人员拆除杆塔拉线。

6）拆除旧杆塔。

7）把杆身周围的防沉土台挖开。

8）吊车司机在工作负责人的指挥下，操纵吊车，缓慢将杆塔拔出地面，利用拉开导线的空当，把杆塔先放倒在地面上；再移动承力吊点到重心位置，用吊车把杆塔放在已经准备好的空地上。

（2）组立新杆塔。

1）利用挖坑工具把原杆坑挖深、挖大，满足埋深要求。

2）吊车司机在工作负责人的指挥下操纵吊车，吊起新杆塔，承力吊点应在杆身重心以上位置。杆塔在杆梢吊起至地面 1m 处时，停止起吊，检查各部受力情况正常后，继续起吊杆塔。

3）将杆塔吊入杆坑，并顺直后，填土夯实。

4）人员登杆，安装横担、绝缘子、拉线等。

（3）起线。

1）起线顺序：先起两边相导线，再起中相导线。若导线有损伤，应按规定进行修补。

2）工作完毕后，拆除转角杆两侧第一基直线杆的临时拉线。

3.2.1.2　导线的连接

导线连接工作是室外作业项目，要求天气良好，无雷雨，风力不超过 6 级。

（1）钳压法施工。

1）将钳压管的喇叭口锯掉并处理平滑。

2）剥去接头处的绝缘层、半导体层，剥离长度比钳压接续管长 60～80mm。线芯端头用绑线扎紧，锯齐导线。

3）将接续管、线芯清洗并涂导电膏。

4）按规定的压口数和压接顺序压接，压接后按钳压标准矫直钳压接续管。

5）需进行绝缘处理的部位清洗干净，在钳压管两端口至绝缘层倒角间用绝缘自粘带缠绕成均匀弧形，然后进行绝缘处理。

（2）液压法施工。

1）剥去接头处的绝缘层、半导体层，线芯端头用绑线扎紧，锯齐导线，线芯切割平面与线芯轴线垂直。

2）铝绞线接头处的绝缘层、半导体层的剥离长度，每根绝缘线比铝接续管的 1/2 长 20～30mm。

3）钢芯铝绞线接头处的绝缘层、半导体层的剥离长度，当钢芯对接时，其一根绝缘线比铝接续管的 1/2 长 20～30mm，另一根绝缘线比钢接续管的 1/2 和铝接续管的长度之和长 40～60mm；当钢芯搭接时，其一根绝缘线比钢接续管和铝接续管长度之和的 1/2 长 20～30mm，另一根绝缘线比钢接续管和铝接续管的长度之和长 40～60mm。

4）将接续管、线芯清洗并涂导电膏。

5）按规定的各种接续管的液压部位及操作顺序压接。

6）各种接续管压后压痕应为六角形，六角形对边尺寸为接续管外径的 0.866 倍，最大容许误差 $S = 0.866 \times 0.993D + 0.2$（mm），其中 D 为接续管外径，三个对边只容许有一个达到最大值，接续管不应有肉眼看出的扭曲及弯曲现象，校直后不应出现裂缝，应锉掉飞边、毛刺。

7）将需要进行绝缘处理的部位清洗干净后进行绝缘处理。

（3）非承力接头的连接和绝缘处理。

1）非承力接头包括跳线、T 接时的接续线夹和导线与设备连接的接线端子。

2）接头的裸露部分须进行绝缘处理，安装专用绝缘护罩。

3）绝缘罩不得磨损、划伤，安装位置不得颠倒，有引出线的要一律向下，需紧固的部位应牢固严密，两端口需绑扎的必须用绝缘自粘带绑扎两层以上。

3.2.1.3　绝缘子的更换

更换拉线是线路施工和维护中一项常见的工作，线路一般处于检修状态。要检查被更换绝缘子的外观是否良好，连接处有无松动、锈蚀。

（1）蝶式绝缘子的更换。

1）松开绝缘子的固定螺栓，如螺栓锈蚀严重，可先喷上松动剂，稍等片刻再松螺栓。

2）拆除旧绝缘子，用传递绳传至地面。

3）将新绝缘子拉至杆上，并安装牢固。安装蝶式绝缘子时，应垫弹簧垫圈。

4）固定导线。将导线固定部位缠上铝包带，缠绕应紧密且露出绑扎端30mm，再将导线移到瓷瓶上用绑线固定。针式绝缘子的绑扎，直线杆采用顶槽绑扎法，直线角度杆采用边槽绑扎法，绑扎在线路外角侧的边槽上。

（2）更换耐张绝缘子。

1）工作人员上杆站好位置并系好安全带后，用传递绳系好，将紧线器拉上杆并把紧线器尾线固定在横担上，在耐张线夹前 0.3～0.5m 卡好紧线器导线卡头。

2）用紧线器收紧导线，使绝缘子不受力。

3）松开耐张线夹与绝缘子连接螺栓，用传递绳系好后，取下绝缘子传送到地面。

4）将新绝缘子用传递绳系好拉上杆，并安装牢固。

5）装好耐张线夹与绝缘子的连接螺栓，慢慢松开紧线器，恢复原来位置。

6）取下紧线器卡头并用传递绳系好送到地面。

3.2.1.4　拉线的更换

更换拉线是线路施工和维护中一项常见的工作，线路一般处于检修状态。要检查被更换拉线的锈蚀情况，检查地锚拉棒（地面下 50mm 处）受腐蚀情况，在确保抱箍、地锚拉棒完好、原有拉线满足安全的前提下才能进行更换，新拉线和原有拉线应一致或满足设计要求。

（1）拉线上把的制作。

拉线上把（楔型线夹）的制作流程分解。

1）裁线。由于镀锌钢绞线的刚性较大，在制作拉线下料前应用细扎丝在拉线开断处进行绑扎，避免因开断钢绞线时发生散股，然后用断线钳将其断开。

2）穿线。取出楔型线夹的舌板，将钢绞线穿入楔型线夹，并根据舌板的大小在距离钢绞线端头 300mm＋舌板长度处做弯线记号。

3）弯拉线环。用双手将钢绞线在记号处弯一小环，然后用脚踩住主线，一手拉住线头，另一手握住并控制弯曲部位，协调用力将钢绞线弯曲成环；为保证拉线环的平整，应将端线分别换边弯曲。

4）整形。为防止钢绞线出现急弯，将做好的拉线环以所示的方式，分别用膝盖抵住钢绞线主线、尾线进行整形，使其呈开口销状，以保证钢绞线与舌板间结合紧密。

5）装配。拉线环制作完成后，将拉线的回头尾线端从楔型线夹凸肚侧穿出，放入舌板并适度地用木槌敲击，使其与拉线与线夹间的配合紧密。

6）绑扎。在尾线回头端距端头 30～50mm 的地方，用 12 号或 10 号镀锌铁丝缠绕 100mm 对拉线进行绑扎，也可以用 U 型夹头压住尾线将其固定，使拉线的回头尾线与主线间的连接牢固。

7）防腐处理。按拉线安装施工的规定要求，完成制作后应在扎线及钢绞线的端头涂上红漆，以提高拉线的防腐能力。0.4kV 线路拉线一律要装设拉紧绝缘子，且要求在断拉线情况下拉紧绝缘子，距地面不应小于 2.5m。

（2）临时拉线装设和上把安装。

拉线上把制作完成后，在安装前，要在杆上安装临时拉线并收紧固定，然后再更换拉线，具体安装步骤如下。

1）登杆。按上杆作业的要求完成杆塔、登杆工具等必需的检查工作，取得现场施工负责人的允许后带上必备操作工具上杆，并在指定位置站好位、系好安全带、挂好保险钩，绑好传递滑车和传递绳。

2）设置临时拉线。设置临时拉线时，应先将不小于原钢绞线截面的钢丝绳在原拉线抱箍下面在杆塔绕 2 圈，然后用御扣（U 型环）固定；由地面工作人员用拉线紧线器固定在同一拉线地锚的钢丝绳套上，将钢丝绳收紧受力（绕 2 圈），使原拉线松弛处于不受力状态，将钢丝绳尾绳用钢线卡子固定，防止滑动。将拉线抱箍连接延长环传递到杆上并固定安装在距杆塔合适位置（一般为横担下方 100mm 处），并根据拉线装设的要求调整好拉线抱箍方向（若拉线抱箍连接延长环无锈蚀，则可以利用）。

3）安装拉线上把。将做好的新拉线楔型线夹一头挂在杆塔拉线抱箍链板（二眼板或延长环）内，连接楔型线夹与延长环，穿人螺栓，插入销钉，这个过程需要保证楔型线夹凸肚的方向（朝向地面或保证拉线上所有线夹的凸肚侧朝一个方向），螺栓穿向应符合施工验收规范要求（面向电源侧由左向右穿入）。

（3）地面配合安装。

地面配合调换旧拉线，先用扳手将 UT 线夹螺栓松开，不得用断线剪突然将拉线剪断；然后再制作 UT 线夹并安装，UT 线夹的安装与制作均在地面上同时进行。

1）收紧新拉线。用卡线器在适当的高度将钢绞线卡住，另一端与套在拉线棒环下方的钢丝绳套相连接，调整紧线器，将新拉线收紧受力，使临时拉线不受力（或比原来受力小），把拉线收紧到设计要求的角度（设计对部分转角杆有预偏角度的要求）；如果拉线环境条件需要安装警示杆，应在卡线前在拉线上穿入警示杆。

2）制作拉线环。拆下 UT 线夹的 U 型螺栓，取出舌板，将 U 型螺栓从拉棒环穿入，抬起 U 型螺栓，用手拉紧拉线尾线，对比 U 型螺栓从螺栓端头向下量取 200mm 的距离（通常为丝杆的长度），然后按流程制作好拉线环。

3）装配。将拉线从 UT 线夹穿出（线回头尾线端从 UT 线夹凸肚侧穿出），装上舌板，用手锤敲击使拉线环与舌板能紧密配合。

4）安装调整。将 U 型螺栓丝杆涂上润滑剂，重新套进拉棒环后穿入 UT 线夹，使 UT 线夹凸肚方向与楔型线夹方向一致，装上垫片、螺帽，并调节螺母使拉线受力后撤出紧线器。拉线调好后，在 U 型螺栓上应将两个螺母拧紧（最好采用防盗螺帽），螺母拧紧后螺杆应露扣，并保证有不小于 1/2 丝杆的长度以供调节，其舌板应在 U 型螺栓的中心轴线位置。

5）完成安装。在 UT 线夹出口量取拉线露出长度（不超过 500mm），将多余部分剪去；在尾线距端头 150mm 的地方，用镀锌铁丝由下向上缠绕 50～80mm 长度，尾绳也可以用钢线卡子固定，使拉线的回头尾线与主线间的连接牢固，并将扎线尾线拧麻花 2～3 圈；按规定在扎线及钢绞线端头涂上红漆，以提高拉线的防腐能力。最后将临时拉线钢丝绳松下、拆除、卷好。作业人员清理杆上和场地上的工具、余料，结束更换拉线工作。拉线部件名称及配置。

3.2.2　电缆线路检修

检查出来的缺陷、电缆在运行中发生的故障以及在预防性试验中发现的问题，都要采取对策予以及时消除。一般的检修项目如下：

（1）为防止在电缆线路上面挖掘损伤电缆，挖掘时必须有电缆专业人员在现场守护，并告知施工人员有关施工的注意事项。特别是在揭开电缆保护板后，就不应再用镐、铁棒等工具，应使用较为迟钝的工具将表面土层轻轻挖去。用铲车时更应随时提醒司机注意，以防损伤电缆。

（2）对于户外电缆及终端头，要定期清扫电缆沟、终端头，并检查电缆情况；检查终端头内有无水分；用兆欧表测量电缆绝缘电阻；油漆支架及电缆夹；修理电缆保护管；检查接地电阻；电缆钢甲涂防腐漆。

（3）工作井及电缆沟的检修：应抽除积水清除污泥；油漆电缆支架挂钩；检查电缆及接头情况，如接地是否良好。

（4）防止电缆腐蚀。当电缆线路上的局部土壤含有损害电缆铅包的化学物质时，应将该段电缆装于管子内，并用中性的土壤作电缆的衬垫及覆盖，并在电缆上涂以沥青等；当发现土壤中有腐蚀电缆铅包的溶液时，应立即调查附近工厂排除废水情况，并采取适当改善措施和防护办法；为了确定电缆的化学腐蚀，必须对电缆线路上的土壤作化学分析，并有专档记载腐蚀物及土壤等的化学分析资料。

（5）电缆线路发生故障（包括电缆预防性击穿的故障）后必须立即修理，以免水分大量侵入，扩大损坏后的范围。处理步骤主要包括测寻、故障情况的检查及原因分析、故障的修理和修理后的试验等。消除故障务必做得彻底，电缆受潮气侵入的部分应予以割除，绝缘剂有碳化现象者应全部更换。否则，修复后虽可投入使用，但短期内仍会重发故障。

3.2.3 低压配电柜检修

低压配电柜一次侧的检修流程如下所示：

（1）进入工作现场：人员到达工作现场门口，工作负责人检查并确认工作现场（核对箱柜名称及编号）并向工作班组成员交代安全、技术措施；工作人员根据各自分工开始准备工作。

（2）物料就位：将所携带工具、材料送达工作现场并进行检查，符合要求后方可使用。

（3）布置安全措施：停电，按事先勘察制定的检修计划将相关负荷及线路停电；验电，挂接地，放电。用合格的验电笔逐项进行验电，确认无电后，立刻挂设地线，电容要放电。

（4）综合检修及消缺。

1）检查断路器、隔离开关、开关分合闸位置是否正确，操作机构是否可靠、灵活，分合闸指示牌是否正确，各电气触点是否接触良好。对机械传动部位加润滑油。

2）检查高、低压接线端子连接是否牢固，套管、瓷瓶、绝缘子是否清洁正常。

3）检查母线排连接是否良好，其支撑绝缘子、支持件等附件是否牢固可靠，接触良好。

4）检查断路器、隔离开关、开关的连接螺栓和进出线固定螺栓是否紧固可靠、接触良好。

5）测量绝缘、接地电阻是否满足规定要求。

6）检查各母线标相是否正确。

7）对低压配电柜所带配电箱进行维检。

8）检查接地、接零系统是否完好。

9）对检查发现的缺陷参照相应作业流程进行消缺处理。

（5）防腐及卫生清理。

1）对低压配电柜内各设施防腐情况进行检查，必要时涂刷油漆等进行防腐处理。

2）对低压配电柜、母线排、开关等处擦除灰尘、油污。

3）对低压配电柜的柜体内部进行卫生清理。

（6）检查、验收。

1）检查低压配电柜各配电屏、功能柜内是否清洁无杂物，是否有遗留工具和材料。

2）检查电容器壳体无油污。

3）检查所有缺陷是否消除，是否有遗留问题。

（7）拆除安全措施。

1）按照规程拆除接地线及其他安全警示装置。

2）接地线均应全部拆除，地线一经拆除，任何人员不得再进行工作。工作终结汇报工作全部结束后，确认质量合格，无遗漏工具，地线已经拆除，人员已经撤离到工作现场门口后，班组长检查人员数量。全部人员在场地外到齐后，向工作负责人汇报工作终结，恢复送电。

3.2.4　低压配电一体箱检修

3.2.4.1　检修流程

1. 进入工作现场

（1）人员到达工作现场门口，工作负责人检查并确认工作现场（核对箱柜名称及编号）并向工作班组成员交代安全、技术措施。

（2）工作人员根据各自分工开始准备工作。

2. 物料就位

将所携带工具、材料送达工作现场并进行检查，符合要求后方可使用。

3. 布置安全措施

（1）停电。按事先勘察制定的检修计划将相关负荷及线路停电。

（2）验电，挂接地，放电。用合格的验电笔逐项进行验电，确认无电后，立刻挂设地线，电容要放电。

4. 综合检修及消缺

（1）检查断路器、隔离开关、开关分合闸位置是否正确，操作机构是否可靠、灵活，分合闸指示牌是否正确，各电气触点是否接触良好。对机械传动部位加润滑油。

（2）检查高、低压接线端子连接是否牢固，套管、瓷瓶、绝缘子是否清洁正常。

（3）检查母线排连接是否良好，其支撑绝缘子、支持件等附件是否牢固可靠，接触良好。

（4）检查断路器、隔离开关、开关的连接螺栓和进出线固定螺栓是否紧固可靠、接触良好。

（5）测量绝缘、接地电阻是否满足规定要求。

（6）检查各母线标相是否正确。

（7）对配电一体箱所带户外配电箱进行维检。

（8）检查接地、接零系统是否完好。

（9）对检查发现的缺陷参照相应作业流程进行消缺处理。

5. 防腐及卫生清理

（1）对配电变压器一体箱内各设施防腐情况进行检查，必要时涂刷油漆等进行防腐处理。

（2）对配电变压器一体箱、母线排、开关等处擦除灰尘、油污。

（3）对配电变压器一体箱的箱体内部进行卫生清理。

6. 检查、验收

（1）检查配电变压器一体箱各配电屏、柜内是否清洁无杂物，是否有遗留工具和材料。

（2）检查电容器壳体无油污。

（3）检查所有缺陷是否消除，是否有遗留问题。

7. 拆除安全措施

（1）按照相关标准拆除接地线及其他安全警示装置。

（2）接地线均应全部拆除，地线一经拆除，任何人员不得再进行工作。

8. 工作终结汇报

工作全部结束后，确认质量合格，无遗漏工具，地线已经拆除，人员已经撤离到工作现场门口后，班组长检查人员数量。全部人员在场地外全部到齐后，向工作负责人汇报工作终结，恢复送电。

3.2.4.2　元件故障处理

（1）隔离开关。

1）合闸时静触头和动触刀旁击处理。

这种故障的原因主要是静触头和动触刀的位置不合适，合闸时造成旁击，隔离开关应检查动触头的紧固螺丝有无松动。处理办法为：隔离开关调整三极动触刀紧固螺丝的松紧程度及触头间的位置，调整动触刀紧固螺丝松紧程度，使动触刀调至有静触头的中心位置，做拉合试验，合闸时无旁击，拉闸时无卡阻现象。

2）接点打火或触头过热处理。

这种故障的原因主要是接触不良导致电阻增大。处理办法为：停电检查接点、触头有无烧损现象，用砂纸打平接点或触点的烧伤处，重新压接牢固，调整触头的接触面和接点压力。

3）合闸后操作手柄反弹不到位。

这种事故的原因主要是开关手柄操作联杆行程调整不合适或静、动触头合闸时有卡阻现象。其处理办法为：调整操作联杆螺丝使其长度与合闸位置相符，处理静触头的卡阻现象。

（2）断路器。

1）高温引起低压塑壳断路器跳闸原因及措施。

低压塑壳断路器如果安装在户外配电箱内，夏日无风时环境温度较高，加上负荷后，箱内温度会升高，严重时户外箱内温度达到 70℃ 甚至更高，常用的低压塑壳断路器的适用工作环境为 −5～+40℃，且 24h 的平均值不超过 35℃，断路器的过负荷保护热双金属元件是由两种具有不同热膨胀系数的金属压轧而成的，两种不同金属中分主动层和被动层，当双金属感受到过载电流产生的热量时，主动层将向被动层弯曲，双金属元件产生的位移以及双金属元件碰到扣杆的热推力均与它的弯曲度和温度变化值成正比，如果断路器周围的环境温度超过基准温度，即使通过的电流不过载而是正常额定电流或小于额定电流，断路器的动作时间也要提早，失去过载保护功能。为此，需要将断路器的额定值提高、降低现场运行电流及进行现场散热处理。

2）启动电动机时断路器跳闸原因及措施。

带负载启动电动机。电动机带负载启动时，引起电流增大而使断路器跳闸。在启动电动机前，应先检查电动机负载有无切断，电动机无负载情况下再启动电动机。

电压低，启动电动机时电流猛增，导致启动电流增大造成断路器跳闸。客户受电端电压变动幅度范围不应超过额定电压的 −7%～+7%；电压测量值超过规定值时，应采取调整变压器分接头、调整负荷等措施。

断路器的瞬时保护整定倍数偏小。合理调整断路器的瞬时保护整定倍数，与现场设备运行要求相符。

选用的塑壳断路器不是动力型，导致断路器跳闸。应根据设备用途，选择正确的塑壳断路器。

3）运行中的断路器时有跳闸现象发生原因及措施。

选用的连接电缆或铜排截面太小，容易发热，使断路器跳闸。

负载端的紧固螺栓未上紧导致接触不良而大量发热，使断路器跳闸。

负荷过载跳闸。

4）低压塑壳断路器部件损坏的处理。

主、副触头：表面烧伤严重的应更换，以免打磨过多而降低接触面的压力。

辅助触头：用细砂纸打磨；触头表面不能有油污。

灭弧罩：碳化现象应刮净；受潮现象应烤干；有损坏者应重新配齐，安装角度应正确，以免妨碍触头动作。

短路环和线圈：应及时更换损坏元件。

软连接片：应及时更换损坏元件。

（3）电流互感器。

配电一体箱中常用的电流互感器为微型电流互感器，由于微型电流互感器本体结构小，内部元件非常紧凑，在日常运维或发生故障时基本是无法检修的，都是以换代检的方式对发生故障的电流互感器进行更换，以达到设备正常运行的目的。

电流互感器有下列故障现象时，应立即停用并且更换：有过热现象；内部有臭味、冒烟现象；内部有严重的放电声；外绝缘破裂放电；电流互感器声音变大，二次开路处有放电现象。

（4）电容器。

1）渗漏油。主要原因是运行维护不当，长期缺乏保养，导致外壳生锈，或者是安装位置靠近腐蚀性场所，导致外壳腐蚀。

2）外壳膨胀。主要原因是电容内部绝缘物游离而分解出气体或内部部分元件击穿，外壳明显膨胀时应更换电容器。

3）温度过高。主要原因是过电流（电压过高或者谐波）、散热条件差、介质损耗增大，应查明原因做针对性处理，如不能有效地控制温度，则应退出运行；如果是电容器本身有问题，应予以更换。

4）异常声响。异常声响由内部故障造成，严重时应立即退出运行，并更换电容器。

5）电容器爆炸。由短路、内部故障或者带电荷合闸造成，应立即切断电源，查明原因并做相应处理后，更换新的电容器。

6）熔丝熔断。如果是电容器熔丝熔断，可能是由电容器故障、线路故障原因造成的，查出原因并解决问题后方可更换新的熔丝。否则可能会产生很大的冲击电流，造成不必要的人身及财产损失。

3.2.5　低压配电分接箱检修

3.2.5.1　检修流程

（1）停电。

1）按事先勘察制定的检修计划将低压电缆分接箱上级相关负荷及线路停电。

2）拉开低压电缆分接箱空气开关（熔断器）及用户表箱空气开关。

3）用合格的验电笔逐相进行验电，确认无电后，在进出线电缆适当位置立刻挂设接地线。

（2）综合检修。

1）检查开关合闸位置是合正确，操作机构是否可靠灵活，分合闸指示是否正确，各电气触点是否接触良好。对机械传动部位加润滑。

2）检查接线端子是否牢靠，绝缘子是否清洁。

3）检查母线排连接是否良好，母线标相是否正确。

4）检查开关的连接螺栓和进出线固定螺栓是否紧固可靠、接触良好。

5）测量绝缘、接地电阻是否满足规定要求。

（3）检查、验收。

1）检查柜内是否清洁无杂物，是否有遗留工具和材料。

2）检查所有缺陷是否消除，是否有遗留问题。

（4）恢复送电。

1）按照规程规定拆除接地线级其他安全警示装置。接地线均应全部拆除，接地线一经拆除，任何人不得再进行工作。

2）按事先勘察制定的检修计划将低压电缆分接箱上级相关负荷及线路恢复送电。然后先合上低压电缆分接箱空气开关（熔断器），再合上用户表箱空气开关。

3.2.5.2　空气开关故障处理

空气开关故障分类及处理方法见表3-1。

表3-1 空气开关故障分类及处理方法

序号	故障现象	产生原因	处理方法
1	手动操作的开关不能合闸	失压脱扣线圈无电压或线圈电压不符	检查线圈及相关线路，查明原因后处理
		失压脱扣线圈损坏	能修则修，不能修则换
		储能弹簧变形，以致闭力不足	更换新的弹簧
		释放弹簧的反作用力过大	适当调整，若不能调整则更换新的弹簧
		机构不能复位再扣	调整脱扣面到规定值
2	电动操作的不能合闸	操作电源电压不符	检查和更换电源
		电磁铁或电动机损坏	查明情况，作适当处理
		电磁铁拉杆行程不够	重新调整或更换拉杆
		电动操作定位开关失灵	进行调整或更换开关
		控制器中整流管或电容器损坏	更换相应配件
		电源容量不足	更换电源
3	开关的一相触头不能闭合	该相连杆损坏	更换连杆
		限流开关开合机构与连杆之间角度过大	调整到170°
4	开关在电机启动时自动分闸	电磁式过流脱扣器瞬动整定电流过小	调整电磁脱扣器的整定值
		空气开关选型过小	更换空气开关

续表

序号	故障现象	产生原因	处理方法
5	开关在工作一段时间后自动分闸	过电流脱扣器长延时整定值不符合要求	重新调整
		热元件或半导体延时电路元件老化	更换新元件
		半导体元件误动作	查明原因后作适当处理
6	开关触头温度过高	接触表面过分损坏或触头磨损过度	修整接触表面，不能修复则更换开关
		接触压力太小	调整或更换触头弹簧
		导电元件连接处螺丝松动	拧紧螺丝
7	分励脱扣器失灵，开关不能分闸	反力弹簧的反作用力太小	调整或更换
		电源电压过低	查明原因处理或更换电源
		螺丝松动	拧紧螺丝

3.2.5.3　熔断器故障处理

熔断器故障分类及处理方法见表 3 - 2。

表 3 - 2　　　　　　　　　熔断器故障分类及处理方法

序号	故障现象	产生原因	处理方法
1	电路接通瞬间，熔体熔断	熔体电流等级选择过小	更换熔体
		负载侧短路或接地	排除负载故障
		熔体安装时受机械损伤	更换熔体
2	熔断未熔断，但电路不通	熔体或接线座接触不良	重新连接

3.2.6　防雷设施检修

3.2.6.1　避雷器检修

当避雷器存在缺陷或不能及时灭弧时，则通过的工频续流的幅值增大，时间加长。这样接地引下线的连接处会产生烧伤的痕迹，或使放电记录器内部烧黑或烧坏。当发现此类情况时，需要设法将避雷器退出运行，对避雷器进行检查和试验，并进行处理；必要时需更换避雷器。

当套管表面脏污使套管表面等效爬电距离下降，或套管有裂缝等缺陷时，避雷器套管将发生闪络或爬电。若闪络或爬电是由于套管表面脏污所造成的，停电后，对套管表面进行清理；若闪络或爬电是由于套管损坏造成的，则停电后更换套管。此外，需加强运行中的巡视，力争在闪络或爬电的初期就能得到处理。

3.2.6.2 接地装置检修

若接地电网中中性线带电，需查明原因，采取相应措施予以消除：

（1）线路上有电气设备的绝缘破损而漏电，但保护装置未动作。

（2）线路上有一相接地，电网中的总保护装置未动作。

（3）中性线断裂，断裂处后面的个别电气或有较大的单相负荷。

（4）在接零电网中，个别电气设备采用保护接地，且漏电；个别单相电气设备采用一相一地（即无工作中性线）制。

（5）变压器低压侧工作接地处接触不良，有较大的电阻；三相负荷不平衡，电流超过容许值。

（6）高压窜入低压，产生磁场感应或静电感应。

（7）高压采用两线一地运行方式，其接地体与低压工作接地或重复接地的接地体相距太近；高压工作接地的电压降影响低压侧工作接地。

（8）由于绝缘电阻和对地电容的分压作用，电气设备的外壳带电。

当接地装置出现异常现象时，需查明原因，采取相应措施予以消除：

（1）接地体的接地电阻增大，一般是因为接地体严重锈蚀或接地体与接地干线接触不良引起的。应更换接地体或紧固连接处的螺栓或重新焊接。

（2）接地线局部电阻增大，因为连接点或跨接过渡线轻度松散，连接点的接触面存在氧化层或污垢，引起电阻增大，应重新紧固螺栓或清理氧化层和污垢后再拧紧。

（3）接地体露出地面，把接地体深埋，并填土覆盖、夯实。

（4）遗漏接地或接错位置，在检修后重新安装时，应补接好或改正接线错误。

（5）接地线有机械损伤、断股或化学腐蚀现象，应更换截面较大的镀锌或镀铜接地线，或在土壤中加入中和剂。

3.3　故　障　抢　修

3.3.1　架空线路故障抢修

3.3.1.1　断线

断线是低压配网运行中最严重的故障之一，其危害极大。断线包括断 1 根导线、断 2 根导线、断 3 根导线和三相四线全部断线，会造成线路跳闸导致停电事故，甚至可能会发生财物损坏、电气火灾或人身伤害等事故。发生断线故障后，运行单位应立即启动应急抢修预案，首先要保证人身、电网和设备的安全，防止故障面积扩大和次生灾害发生；然后根据故障严重程度制定抢修方案，并迅速组织人员抢修，尽快恢复供电。

（1）故障原因。

1）导线本身缺陷造成断线。由于部分低压架空线路运行时间较长，未能及时更新或改造，且导线线径偏细、档距过大、过负荷运行和腐蚀严重等因素，极易造成导线断线故障。

2）树木影响造成导线断线。运行的低压架空线路穿越、平行或交叉树木、行道树、经济林等很难避免，当这些树木与线路防护距离不够时，如发生刮风和暴雨等恶劣天气，树木被大风吹倒或吹断，掉落在导线上造成导线砸伤或打断。还有居民在线路附近砍伐树木时，不与电力部门联系，未采取相关保护措施，导致树木倒下时压断导线。

3）交叉跨越距离不足造成断线。由于导线过负荷运行或天气温度过高等原因使导线弧垂增大，与交跨线路互碰后造成导线断线。

4）外力破坏造成导线断线。向导线上抛掷金属物体造成导线短路断线；线路附近或下方施工作业碰触线路或车辆碰撞电杆等造成导线断线。

5）气温影响造成导线断线。导线弛度太小，冬季会使导线所受的拉力超过导线的极限拉力，极有可能发生导线被拉断。

6）线路施工方法不规范造成导线断线。进行放线或紧线时对导线保护不当，导线与地面、树木、横担等物体相互摩擦导致导线磨损，放线时将导线放成背扣金钩等，也会造成导线在运行过程中发生断线。

（2）故障排查及处理。

1）发生断线后，应立即断开线路电源，并迅速组织抢修人员赶赴现场，在开关操作手柄上悬挂"禁止合闸，线路有人工作"标志牌。

2）根据现场实际情况在故障点适当距离以外设置围栏，并设专人看守。

3）及时汇报上级部门，并由95598抢修平台发布停电信息。

4）组织进行现场勘察和故障分析，查看现场抢修作业需要补充的停电范围、保留的带电部位和作业现场的条件、环境及其他危险点等，分析断线原因。

5）根据断线的原因和现象制定抢修处理方法，一般是更换断线处导线，设立新的耐张段。根据抢修处理方法和现场工作条件制定抢修方案，抢修方案包括组织措施、技术措施及安全措施。

6）根据抢修方案选择导线及其他材料的型号和数量，组织运输力量并及时运至故障点。

7）根据抢修方案和现场工作内容，选择所需的施工工器具和机械设备。

8）落实安全组织措施后，工作许可人应做好线路停电、验电、挂设接地线、悬挂标志牌等安全技术措施，向工作负责人办理许可手续。

9）施工前工作负责人向全体工作班成员进行"三交三查"，班组人员确认签名。

10）断线处理。放、撤、紧线应设专人统一指挥，统一信号，明确分工，并讲明施工方法；使用合格的工器具；做好防触电、防高处坠落、防电杆倾倒伤人、防高处坠物伤人、防紧线器牵引意外伤人、防紧线导线滑跑、防车辆挂线伤人或导线伤及行人等安全措施；导线跨越公路、河道时，应通知相关管理部门给予协助。

断线处理的步骤：① 断线处两端电杆的反方向设置临时拉线，临时拉线锚桩设置在杆高的1.2倍以外，锚桩应向受力的反方向倾斜；② 上杆固定断线处两端导线，拆除断裂导线；③ 展放导线；④ 一端导线固定；⑤ 紧线，观察弧垂，固定导线；⑥ 耐张段过引线连接。

断线处理应按照相应的导线更换标准化作业指导书进行工作，作业现场应满足安全作业的要求。

11）工作负责人对更换的导线进行验收，应符合相关规程要求。

12）拆除现场安全设施，收回工器具、材料并清理现场，工作负责人召开站班会，抢修人员撤离作业现场。

13）工作负责人向许可人汇报工作结束，许可人拆除所有安全措施，按操作步骤进行送电。

14）工作终结，由 95598 抢修平台发布送电信息。

3.3.1.2　混线

混线是低压配电网运行中最严重的故障之一，其危害极大。混线故障现象主要有中性线与相线混线、相与相混线。混线时导线电流增大、电压不稳定，长时间混线运行会造成导线断线故障；混线会造成线路跳闸导致停电事故，甚至可能会发生财物损坏或电气火灾等事故。发生混线故障后，运行单位应立即查明故障原因，及时处理，防止故障面积扩大和次生灾害发生。

（1）故障原因。

1）导线弧垂过大造成混线。夏季高温导线弧垂过大时，由于过负荷运行产生瞬时电流增大会造成导线混线故障发生；台区、龙卷风、沙尘暴等大风天气，由于导线弧垂过大也会造成导线混线故障发生。

2）导线弧垂不平衡造成混线。导线弧垂相差太大时，发生大风等极端天气时会造成导线混线故障。

3）线路档距过大造成混线。当线路档距过大且导线线间距离达不到《配电网运行规程》的要求时，一旦发生大风等恶劣天气时极易造成导线混线故障发生。

4）树木影响造成混线。当树木和植物与线路的防护距离不够时，如发生大风等恶劣天气下，树枝砸落在导线上，使导线发生跳动和晃动，易造成导线混线故障。

5）线路受外力破坏造成混线。线路运行时如电杆、拉线被碰撞或导线被刮擦，使导线发生跳动和晃动，易造成导线混线故障发生。

（2）故障排查及处理。

1）发生混线一般情况下会造成低压开关跳闸或熔断器熔芯熔断，如混线在低压线路末端会出现混线相电流剧增，确定故障相后抢修人员应立即断开线路电源，并在开关操作手柄上悬挂"禁止合闸，线路有人工作"标志牌。

2）及时由 95598 抢修平台发布停电信息。

3）初步分析故障原因。线路短路或混线引起的故障，故障相和故障点非常明显，容易查找。

4）故障点查找。查找时应从电源侧向负荷侧进行，先主干线后分支线；发现故障点后分析故障产生的原因，制定故障处理方法，如弧垂过大造成混线，应立即调整线路弧垂。

5）现场勘察。查看现场抢修作业需补充的停电范围、保留的带电部位和作业现场的条件、环境及其他危险点等。

6）制定抢修方案。抢修方案包括组织措施、技术措施、安全措施和施工作业方法。

7）根据抢修方案和现场工作内容选择所需的施工工器具和材料。

8）首先落实安全组织措施后，工作许可人应做好线路停电、验电、挂设接地线、悬挂标志牌等安全技术措施，并向工作负责人办理许可手续。

9）施工前工作负责人向全体工作班成员进行"三交三查"，班组人员确认签名。

10）混线处理。紧线应设专人统一指挥，统一信号，明确分工，并讲明施工方法；使用合格的工器具；做好防触电、防高空坠落、防电杆倾倒伤人、防高空坠物伤人、防紧线器牵引意外伤人、防紧线导线滑跑等安全措施。

11）混线处理的步骤：① 导线上有异物先清除；② 上杆将故障点导线分开，并检查导线质量，如导线受损按规程要求进行修补或更换；③ 拆除耐张段直线杆导线绑扎线；④ 紧线，观察弧垂，固定导线；⑤ 检查故障点前后过引线连接是否良好。

12）工作负责人对导线修复质量进行验收，须符合《配电网运行规程》要求。

13）拆除现场安全设施，收回工器具、材料并清理现场，组织工作人员撤离。

14）工作负责人向工作许可人汇报工作结束，工作许可人拆除所有安全措施，按操作步骤进行送电。

15）工作终结，由95598抢修平台发布送电信息。

3.3.1.3 短路

短路故障现象一般表现为用户侧电压过低或电气设备无法正常使用，电源侧显示电流突变、开关跳闸、熔断器熔芯熔断或导线发热等。故障主要有三相短路、两相短路、单相对地短路和两相对地短路。

短路是低压配电网运行中最严重的故障之一，其危害最大。短路时短路电流增大，瞬间热量大大超过线路正常工作时的发热量，不仅能使绝缘烧毁，而且能使金属熔化。短路会造成线路跳闸导致停电事故，甚至可能会发生财物损坏、电气火灾或人身伤害等事故。发生短路故障后，运行单位应立即切断线路电源，防止故障范围扩大和次生灾害发生，并迅速组织人员查明故障原因并及时处理，尽快恢复供电。

（1）故障原因。

1）线路老化、绝缘破坏造成导线短路故障。由于部分低压线路运行时间较长，未能及时更新或改造，且导线绝缘破坏、绝缘子老化、过负荷运行和腐蚀严重等原因，易引起导线间或对地短路故障发生。

2）树障影响造成导线短路故障。低压架空线路穿越、平行或交叉树木，且树木与线路的防护距离不够，当发生大风、暴雨等恶劣天气时，树木被大风吹倒或吹断，易造成导线间短路故障发生。在线路附近砍伐树木，不与电力部门联系，未采取相关保护措施，导致树木倒下时造成导线间短路故障发生。

3）导线松弛造成导线短路故障。导线弧垂达不到《配电网运行规程》的要求，在夏季高温天气导线过负荷运行产生瞬时电流增大引起导线碰线发生短路故障；在大风作用下发生导线碰撞引起导线短路故障。

4）外力破坏造成导线短路故障。向导线上抛掷金属物体引起导线短路故障；线路附近或下方施工作业碰触线路，以及车辆碰撞电杆、拉线和导线等，引起导线晃动或相互碰撞造成导线间短路故障。

5）鸟害影响造成导线短路故障。每年春季是鸟类在线路上搭建鸟巢的高发期，鸟巢用树枝或金属作为材料，雨天或金属物体碰触导线会造成导线短路故障。

6）人为过失或破坏造成线路短路故障。检修线路时未拆除接地线合闸和人为故意破坏，也会造成短路故障。

（2）故障排查及处理。

1）发生短路故障，一般情况下会引起低压开关过流跳闸或熔断器熔芯熔断，如短路发生在低压线路末端会出现短路相导线电流突变，用户侧电压偏低。确认故障相后抢修人员应立即断开线路电源，并在开关操作手柄上悬挂"禁止合闸，线路有人工作"标志牌。

2）及时由 95598 抢修平台发布停电信息。

3）分析故障原因。类似故障一般由线路短路或混线故障引起，故障相和故障点非常明显，容易查找。

4）故障点查找。查找时应从电源侧向负荷侧进行，先主干线后分支线；发现故障点后分析故障产生的原因，制定故障处理方法。

5）低压架空线路上发生短路故障，如果线路较长、线路上负载较多、故障点不明显且查找比较困难时，可用白炽灯泡或电热丝代替熔丝接入线路出口处，再接上熔丝，将短路线路接通 220V 电源，由于线路中有短接点，电源电压几乎全部降到白炽灯泡或电热丝两端，从短路点到负载这段线路上便有电流流过，线路的其他部分无电流通过。此时，可用钳形流表（电流挡位）测量线路中的各处电流，测量时可分段测量，如果测出无电流，说明故障点在测量点前面；如果测得有电流，则说明故障点在后面的线路上。按此方法继续查找，逐步缩小测量范围，当测得电流在有与无的分界点时，便可顺利地找出故障点。按此方法可查找线路较长且分支线路较多的线路，其优点是不分段断开导线，快捷准确地确定故障点，对于线路较长的架空线路查找尤为便捷，但在使用此方法时应将正常的负载开关断开后再查找故障点。

6）落实安全组织措施后，工作许可人应做好线路停电、验电、挂设接地线、悬挂标志牌等安全技术措施，向工作负责人办理许可手续。

7）施工前工作负责人向全体工作班成员进行"三交三查"，班组人员确认签名。

8）故障点处理。使用合格的工器具，做好防触电、防高处坠落、防电杆倾倒伤人、防高处坠物伤人等安全措施。

9）短路处理的步骤：① 导线上有异物先清除；② 上杆处理短路点，并检查导线质量，如导线受损应按规程要求进行修补；③ 检查短路点前后过引线连接是否良好。

10）工作负责人对导线短路点修复质量进行验收，并符合《配电网运行规程》的要求。

11）拆除现场安全设施，收回工器具、材料并清理现场，组织工作人员撤离。

12）工作负责人向工作许可人汇报工作结束，工作许可人拆除所有安全措施，按操作步骤进行送电。

13）工作终结，由 95598 抢修平台发布送电信息。

3.3.1.4 漏电

漏电是低压配电网运行中常见的故障，是电源线由于某种原因连通后与大地之间存在一定的电位差产生的现象。漏电故障现象为线路绝缘性能下降，线路某点与大地直接或间接连通，人摸到漏电点有明显的刺痛感，漏电相导线电流剧增，台区线损明显偏高，剩余电流动作保护器（总保）跳闸等。

漏电造成线路跳闸导致停电事故，甚至可能会发生电气火灾或人身伤害等事故。漏电故障发生后，运行单位应立即组织人员查明漏电原因，并迅速处理。

（1）故障原因。

1）线路老化、绝缘破坏造成漏电。由于线路运行时间较长，导线绝缘被破坏、绝缘子老化、导线绑扎线断裂和导线松弛等因素，易造成导线对地直接或间接接地故障发生。

2）树障影响造成漏电。架空线路防护区内的树、竹等植物未及时清理，碰触导线后易造成导线对地间接接地故障发生。

3）线路与弱电线路碰触造成漏电。导线与弱电线路安全距离不足，在夏季高温时导线弧垂增大碰触弱电线路，易造成导线对地直接或间接接地故障发生。

4）线路受外力破坏造成漏电。线路附近或下方施工作业碰触线路接地，或车辆碰撞电杆、拉线和导线等造成导线对地直接或间接接地故障发生。

5）鸟害影响造成漏电。每年春季是鸟巢在线路横担上搭建的高发期，鸟巢用树枝或金属作为材料，材料间接导通导线与电杆、拉线，易造成导线间接接地故障发生。

（2）故障排查及处理。

1）发生漏电故障后，安装剩余电流动作保护器的线路会跳闸，其他线路漏电时漏电相电流剧增，发生跳闸后抢修人员应立即查明故障原因。

2）及时由 95598 抢修平台发布停电信息。

3）查找故障原因。线路跳闸一般由线路短路、混线、断线和漏电故障引起，先对故障线路进行巡视，如未发现短路、混线、断线等异常现象，可以对剩余电流动作保护器装置试送电一次，确定线路是否漏电。

4）查找故障点。先对线路进行巡视有无明显漏电点，如未发现异常可用钳形电流表进行查找，查找电网漏电故障点的方法有不断电检查法和断电查中性线法两种。

不断电检查法：保持电网供电，先测出电网总剩余电流，可用钳形电流表测量变压器中性接地线或总出线上（A、B、C、N 三相四线一起钳进钳形电流表钳口）；然后去测量各分支线路的漏电电流，查到有漏电的分支再查该分支上每一户的漏电电流，直至查到故障点。该方法适用于电网中有重要用户不能停电，或电网总剩余电流较大（≥500mA）以至于保护器无法投运的线路。其优点是电网不断电，用户的用电不受影响；缺点是检查范围大、工作量大、速度慢。

断电查中性线法：先断电，然后拆下中性线，在中性线中施加测试电流。具体方法是在中性线与配电柜（箱）内有电相线之间串上 75W 左右的电阻，如电烙铁、灯泡等。

a. 用钳形电流表测量出中性线当中总的测试电流，此电流可以测变压器的中性接地线进行确认；然后爬杆测量中性线中测试电流的走向，爬杆测量时 A、B、C、N 线都要测量，并记下数据以便分析，相线上有测试电流时该相线就有漏电故障点。

b. 断电查中性线法适用于电网总漏电电流小但保护器仍需要频繁跳闸的线路（如单相电机启动保护器就动作）；也适用于电网总剩余电流大，保护器不能投运的线路。优点是可根据测量的数据分析出故障电流的走向，具有目标性，可快速查出漏电故障点；中性线、相线漏电故障点，中性线、相线漏电故障点可同时查出；缺点是电网需停电，影响用户的用电，且需要爬杆测量。

c. 注意事项：① 断电查中性线时，断开的为电网的相线和中性线，严禁断开变压器的中性接地线；中性线断开后电网决不可送电。② 在断下的中性线上要接通一个 250～500mA 的测试电流，测试电流不宜过大，登杆测量不安全，且会引起误判。③ 登杆测量时对 A、B、C、N 线都要测量，并记下数据，当发现相线上有测试电流时，该路相线一定存在漏电故障点，要仔细测量分析。④ 查到故障点后，应将故障点的中性线和相线同时断开，否则会影响其他故障点的判断。⑤ 有多个分支的关键点需多次进行测量，线路故障点可能有多处，查到并处理一个故障点后再登杆测量一次，这样可以确定其他故障点的方向。⑥ 当电网 A、B、C 三相无测试电流，中性线电流呈发射状不往一个方向流时，查找基本可以结束，恢复送电。

5）故障点处理安全措施实施。工作许可人应做好线路停电、验电、挂设接地线、悬挂标志牌等安全技术措施，向工作负责人办理许可手续。

6）故障点处理。使用合格的工器具，做好防触电、防高处坠落、防电杆倾倒伤人、防高处坠物伤人等安全措施。

漏电处理的步骤：① 清除异物，登杆前检查；② 登杆处理漏电点。

7）工作负责人对漏电点处理质量进行验收，并符合配电网运行规程要求。

8）拆除现场安全设施，收回工器具、材料并清理现场，工作负责人召开站班会，组织工作人员撤离。

9）工作负责人向工作许可人汇报工作结束，工作许可人拆除所有安全措施后，按操作步骤进行送电。

10）工作终结，并由 95598 抢修平台发布送电信息。

3.3.1.5　线路连接不良

线路连接不良是低压配网运行中常见的故障之一，表现为用户侧电压不稳定，忽高忽低。电压偏高造成用电设备损坏，电压偏低造成用电设备无法启动或运行不正常；夜间故障点可以用肉眼观测到连接处发热和打火现象。当线路连接处接触不良时，会使该处的电阻增大，电流经过该处产生的热量增多，接触处的电阻又将随着温度升高而增大，从而形成电热的逐步积累和恶性循环。线路连接不良造成线路电压不正常，甚至可能会损坏用户侧电气设备或发生电气火灾等事故。发生线路连接不良后，运行单位应立即组织人员查明原因，防止故障范围扩大和次生灾害发生，并迅速处理。

（1）故障原因。

1）线路接头松动。导线连接时未采取绞接和压接等方法，或连接不符合技术要求，长时间或过负荷运行会出现接头处松动，造成接触电阻过大，引起接头处过热、打火现象。

2）接头（铜、铝混接）处理不当造成连接不良。铜、铝导线连接时未使用铜铝过渡接头或铝导线未用超声波搪锡处理，会发生电化学腐蚀导致接触电阻过大，若接头处理不当，则表面出现氧化层，随着时间的推移，氧化层越积越厚产生较大的接触电阻，出现接头处过热、打火现象。

3）氧化或腐蚀造成连接不良。接点长时间氧化或在恶劣环境下腐蚀会受到污染，易造成接触不良并引起接触电阻过大，在连接处出现过热、打火现象。

4）线路施工质量差造成连接不良。在进行导线引线连接施工中，由于连接线夹松动，造成连接处接触不良引起接触电阻过大，出现连接处过热、打火现象。

5）材料质量差造成连接不良。在绝缘导线的引线连接时，由于绝缘导线绝缘层不规范和穿刺线夹质量等原因，造成连接不到位或损坏导线，从而引起连接处接触不良。

（2）故障排查及处理。

1）分析故障原因。连接处连接不良会出现用户侧电压忽高忽低，电气设备运行不正常或电灯闪烁等现象，故障点会出现发热、打火现象。

2）故障点查找。① 测量线路出口电压是否正常，如正常则故障点应在线路出口后段。② 确认电压不正常的用户和相位，如三根相线上的用户电压均不正常，可推测中性线接触不良；如某相线上的用户电压不正常，可推测该相导线接触不良。③ 故障点范围确定，故障点应在正常用户与故障用户之间的线路。④ 查找故障点，查看导线接头、引线连接处是否有打火和烧损现象，或用红外测温仪测量各接点温度。⑤ 如第四步故障点未查到，需进行登杆查找。

3）故障点处理安全措施实施。工作许可人应做好线路停电、验电、挂设接地线、悬挂标志牌等安全技术措施，并向工作负责人办理许可手续；由 95598 抢修平台发布停电信息。

4）故障点处理应使用合格的工器具，并做好防触电、防高处坠落、防电杆倾倒伤人、防高处坠物伤人等安全措施。

5）接触不良处理步骤：① 对故障点进行检查分析，确定处理方法；② 选取工器具和材料；③ 登杆处理故障点。

6）工作负责人对故障点处理质量进行验收，并符合相关规程要求。

7）拆除现场安全设施，收回工器具、材料并清理现场，工作负责人召开站班会，并通知现场人员撤离。

8）工作负责人向工作许可人汇报工作结束，工作许可人拆除所有安全措施后，按操作步骤进行送电。

9）工作终结，并由 95598 抢修平台发布送电信息。

3.3.2 变压器故障抢修

3.3.2.1 油浸式变压器渗漏油

变压器渗漏油是配电变压器常见的故障，特别是一些运行年限已久的变压器出现得更为频繁和普遍。变压器一旦出现渗漏油，会造成非常严重的后果。渗漏油会引起变压器油位降低，导致变压器的带电接头和开关处在无油绝缘的状况下运行，就会出现变压器绝缘降低、绕组击穿、短路、烧损等情况，严重时甚至会出现爆炸。当变压器油位低于散热管上口，此时变压器油就不能正常循环对流，将会导致变压器温度升高，缩短变压器的使用寿命，甚至烧毁变压器。一般情况下，变压器的渗漏油可分为内渗漏和外渗漏两种，内渗漏最普遍的就是充油套管中的油以及有载调压装置切换开关油室的油向变压器本体渗漏。外渗漏又分为焊缝渗漏和密封面渗漏两种。配电变压器外渗漏油故障比较直观。

（1）故障原因。

变压器产生渗漏油与环境温度、温差变化、密封结构设计、加工工艺、金属材料的材质、密封件的材质、组件及密封件的安装质量、密封面的好坏、压力的大小、机械震动的频率大小等都有密切的关系。当其中某一个环节出现问题，就会引起连锁反应，从而产生渗漏油。渗漏一方面是由变压器设计及制造过程中存在的缺陷和质量问题引起的；另一方面是由于变压器的安装和维护不当引起的。具体原因如下：

1）焊接处渗漏油。由于焊接质量不良，造成虚焊、脱焊，所以焊缝中存在针孔、砂眼等缺陷。变压器出厂时因有焊药和油漆覆盖，运行后隐患便暴露出来，另外由于电磁振动也会使焊接振裂，造成渗漏。

2）密封件渗漏油。由于密封不良，箱沿与箱盖的密封通常采用耐油橡胶棒或橡胶垫密封，如果接头处处理不好就会造成渗漏油故障。有的是用塑料带绑扎，有的直接将两个端头压在一起，由于安装时滚动，接口不能被压牢，起不到密封作用，是造成渗漏油直接原因。

3）法兰连接处渗漏油。由于法兰表面不平，紧固螺栓松动，安装工艺不正确，使螺栓紧固不好，造成渗漏油。

4）铸铁件渗漏油。因铸铁件有砂眼及裂纹所致。

5）螺栓或管子螺纹渗漏油。由于出厂时加工粗糙、密封不良，变压器密封一段时间后便产生渗漏油故障。

6）散热器渗漏油。散热器的散热管通常是用有缝钢管压扁后经冲压制成的，在散热管弯曲部分和焊接部分常会出现渗漏油，这是因为冲压散热管时，管的外壁受张力，其内壁受压力，存在残余应力所致。

7）套管绝缘子及玻璃油标渗漏油。因安装不当或密封失效所致。

（2）故障排查及处理。

1）焊接处渗漏油。首先应找出渗漏点，针对渗漏严重部位可采用扁铲或尖冲子等金属工具将渗漏点铆死，控制渗漏量后将治理表面清理干净，多采用高分子复合材料进行固化，固化后即可达到长期治理渗漏的目的。如运输、安装过程中操作不当引起焊口开裂，应及时与变压器生产厂家联系，请专业人员重新焊接。

2）密封件渗漏油。可用福世蓝材料进行粘接，使接头形成整体，渗漏油现象将得到很大的控制；若操作方便，也可以同时将金属壳体进行粘接，达到渗漏治理目的。如属于密封橡胶垫的原因，应找出渗漏部位，如变压器上顶盖渗

漏的，拧紧上端螺丝或更换胶垫；分接开关挡处渗漏，拧紧挡位盖，紧固里面的固定螺丝；放油阀处渗漏应更换绝缘垫。对于渗漏严重的油标管更换玻璃即可，对于小处渗漏使用堵漏剂封堵效果较好。另外，更换的绝缘垫要具备良好的耐油性、抗老化型、有适当的弹性、比较好的机械强度。

3）法兰连接处渗漏油。应先将松动的螺栓进行紧固后，对法兰实施密封处理，并针对可能渗漏的螺栓也进行处理，达到完全治理目的。对松动的螺栓进行紧固，必须严格按照操作工艺进行操作。

4）铸铁件渗漏油。针对裂纹渗漏，钻止裂孔是消除应力避免延伸的最佳方法。治理时可根据裂纹的情况，在漏点上打入铅丝或用手锤铆死，然后用丙酮将渗漏点清洗干净，用材料进行密封。铸造砂眼可直接用材料进行密封。

5）螺栓或管子螺纹渗漏油。可采用高分子材料将螺栓进行密封处理，也可将螺栓（螺母）旋出，表面涂抹福世蓝脱模剂后，再在表面涂抹材料后进行紧固，固化后即可达到治理目的。

6）散热器渗漏油。可将散热器上下平板阀门（蝶阀）关闭，使散热器中油与箱体内油隔断，降低压力及渗漏量。确定渗漏部位后进行适当的表面处理，然后采用福世蓝材料进行密封治理。

7）绝缘子及玻璃油标渗漏油。可采用高分子复合材料进行粘接，因为高分子复合材料可以很好地将金属、陶瓷、玻璃等材质进行粘接，从而达到渗漏油的根本治理。

3.3.2.2 变压器中性线带电

居民生活用电大多使用三相四线制的供电网络，采用中性点直接接地的运行方式，使中性线与大地之间形成等电位。这样在正常情况下，配电变压器低压侧的中性线是不带电的。如果中性线带电，会影响整个网络的正常供电，危及人身及设备安全。目前对于各种原因造成的中性线带电，正常的运行维护是很难发现的，通常是居民的家用电器不能正常使用或烧坏、缺相或发生中性线带电触电后才被发现。由于原因不同，查找故障及排除故障的方法和速度也不同。

（1）故障原因。

1）电阻性金属接地或短路。表箱安装时由于金属外壳的快口将相线绝缘层切开或表箱固定螺丝插入相线绝缘外皮，还有部分集中表箱和三相动力用户表箱外壳保护接地时，错将外壳通过中性线接地，运行一段时间后金属开始生锈，导线绝缘老化，生锈后由于接触不良出现电阻性半导通状态。这时，相线与中性线通过电阻性金属接地（或短路），使电流在该点大量流失，电流向电阻低的中性线倒流，造成中性线带电，电阻性金属接地或短路大部分都发生在金属表箱的外壳或表箱的固定螺丝上。

2）三相负荷严重不平衡。由于单相照明负荷较多且分配不均匀，电源侧的三相负荷就有可能不平衡。此时，中性线有较大电流流过，变压器中性点工作接地的接地点虽然电压为零，但离中心点越远的中性线上，由于中性线越长阻抗越大，电压就越高。如果此时有人靠近负荷侧的中性线，则有可能发生触电事故。

3）变压器中性点接地断脱或电阻超标。配电变压器中心点接地一般都采用镀锌钢绞线与接地扁铁连接，镀锌钢绞线与接地扁铁连接处长期处在露天环境中，长期运行或年久失修后钢绞线与水分接触发生氧化、电蚀，出现锈蚀断线造成接地不良。此外，埋于土壤的接地扁铁由于城市污水、工业废水等长期浸泡也会出现锈蚀而引起接地电阻超标。以上两个原因使变压器中性点接地电阻偏大或工作接地接触不良，配电变压器接地电阻增大到一定程度，在使用电气设备时，中性线电压会升高而带电。

4）电容传递通过中性线造成用户侧中性线带电。在变压器低压总出线采用三相三线闸刀和变压器中心线接地不良或异常断开的情况下，变压器的低压出线虽在断开状态，但由于低压柜内的中性线和变压器的中性线直接相连，此时，高压电源通过变压器高、低压绕组间的电容传递到中性线，中性线上会出现数千伏的高压，致使变压器中性点烧毁。

（2）故障排查及处理。

1）分段排除法。分段排除法是传统的中性线带电查找方法，其步骤为：先将配电变压器高压侧停电，将低压主干线分为三段；解开最末一段过桥线和末段内所有分支线，送电后检查中性线是否还带电，若仍有电，变压器再次停电；再解开中段及其分支过桥线，若中性线仍有电则基本可以判断中性线带电在前段，然后再对分支进行排查。该方法费时费力，查找效率不高。

2）分相拉闸法。分相法主要是对配电变压器逐相进行停电来查找故障相，其步骤为：先用万用表一端接在带电中性线上，另一端接在接地排上，然后逐相拉开变压器高压侧跌落式熔断器，依次对 A、B、C 三相进行停电，当中性线带电情况消失时，则可以判断出故障相。分相法只能判断出故障相，不能找到具体的故障点，消除中性线带电。分相法只能为中性线带电查找提供判断依据。

3）中性线电压法。电压法是用万用表对带电中性线进行电压测量，其步骤

为：在主线上和各分支线将万用表测量带电中性线和接地排之间的电压，电压最高的分支为故障分支，然后对该分支的用户依次进行中性线测量，最终找到故障点。电压法适用于主线和分支线上的查找，但会因地理位置、地质情况和接地电阻不同等而产生测量误差。

4）中性线电流法。中性线电流法是用钳型电流表测量带电中性线的电流，其步骤为：在主干线和各分支线上用钳型电流表测量带电中性线的电流值，电流值最大的分支为故障分支，然后将该分支分为几段，对各段中性线进行电流测量，找到故障段后再依次对下面的用户进户线中性线进行电流测量，最终找到故障点。中性线电流法适用于主线、分支线上的查找，能较快地找到故障点，不受地理位置和环境影响，效率较高，但回路负荷电流的变化会影响判断的正确性。

5）相线电流法。相线电流法是用分相法判断出故障相，然后用钳型电流表对故障相线进行电流测量，其步骤为：在主干线和各个分支点上用钳型电流表卡住故障相线测量其电流，电流最大的分支为故障分支，然后将该相分支分为几个段，对各段进行测量，找到故障段后再依次对该相上的用户进户线进行测量，最终找到故障点。相线电流法适用于主线、分支线上的查找，能快速判断，有较高的查找效率，是较理想的查找方法之一。

6）末端拉闸法。拉闸法是已经用分相法判断出故障相后，对该相用户侧空气开关依次试拉，当配电变压器处的万用表电流突然大幅降低时，则可判断出故障点。拉闸法主要用于用户侧内部线路故障查找，准确度较高，但拉闸的工作量太大，直接影响查找速度。若故障发生在主线侧，拉闸也无效果。

3.3.3　断路器故障抢修

3.3.3.1　万能式断路器拒合

万能式断路器由操动机构、触点、保护装置（各种脱扣器）、灭弧系统等组成。断路器的主触点是靠手动操作或电动合闸的，主触点闭合后，自由脱扣机构将主触点锁在合闸位置上。过电流脱扣器的线圈和热脱扣器的热元件与主电路串联，欠电压脱扣器的线圈和电源并联。当电路发生短路或严重过载时，过电流脱扣器的衔铁吸合，使自由脱扣机构动作，主触点断开主电路。当电路过载时，热脱扣器的热元件发热使双金属片上弯曲，推动自由脱扣机构动作。当电路欠电压时，欠电压脱扣器的衔铁释放。也使自由脱扣机构动作。

分励脱扣器则作为远距离控制用，在正常工作时，其线圈是断电的，在需要距离控制时，按下启动按钮，使线圈通电，衔铁带动自由脱扣机构动作，使主触点断开。

一般情况下，当排除电路上的短路或过载故障后，就能重新合上断路器。然而，万能式断路器在运行过程中有时电路中并没有过载或短路故障时，也会发生不能合闸现象（即拒合），从而会给电力用户造成一些不必要的损害。所以，一旦出现此类故障，检修人员应该立即根据发生故障现象进行具体原因的排查与检修。

1. 故障原因

（1）电气方面。

1）断路器的操作电源保护回路上的熔断器熔断导致不能合闸。

2）由于控制回路中发生连接导线断线、压接螺丝松动松脱等现象，导致没有操作电源或电源电压太低，造成不能合闸。

3）闭合按钮、继电器触点、断路器辅助触头等接触不良、元件损坏，均可能导致回路不通，脱扣线圈失电等现象。

4）欠压脱扣器是不能合闸的主要故障之一。欠压脱扣器未接通额定电压，电压过低或欠压脱扣器上的线圈失电故障，都会使断路器不能合闸。

5）欠压脱扣器的线圈长期处于通电工作状态，环境污染和衔铁吸合不灵活或铁芯和衔铁之间空气隙过大，都容易使电流过大而导致脱扣线圈发热而烧毁，失去脱扣线圈的功能。

6）合闸线圈或微型电机的烧坏，也会导致断路器电动不能合闸。

7）智能控制器故障。

（2）机械方面。

1）传动机构连杆松动脱落；

2）断路器合闸铁芯卡涩；

3）合闸电磁铁动作电压过高，使挂钩挂不住；

4）跳闸机构脱扣；

5）断路器分闸后未复归到预合位置；

6）分闸连杆复归不到位；

7）机构卡死、磨损，连接部件间的轴销掉落，机构就会合空；

8）连续多次分合闸动作后，有时开关的辅助动断触点打开过早，也会使断路器拒合。

（3）操作方面。

1）操作方法不当，如控制开关放手太快等；

2）断路器处在未储能状态；

3）断路器所处位置不对，或不到位，断路器应在"试验"或"连接"位置方可合闸；

4）断路器在"试验"位置能合闸，而在"连接"位置不能合闸，位置联锁有问题；

5）保护动作后未复位；

6）断路器与断路器之间有联锁。

2. 故障排查及处理

首先确定断路器保护范围内的电路上确实未发生过载和短路等故障；其次确定不是因操作方法不当或断路器处于未储能状态，或位置不到位等；然后通过仔细观察、无负载试合闸、听声音、闻气味等直观方法和用仪表测量二次控制回路等快速排查，初步确定是电气方面还是机械方面的故障。

（1）电气方面。

1）可先测量操作电源电压是否存在低电压、失压现象，若失压应检查断路器的操作电源保护回路上的熔断器是否有熔断现象；

2）检查控制回路及操作电源回路中有无连接导线断线、压接螺丝松动松脱等现象；

3）检测闭合按钮、继电器触点、断路器辅助触头等有无接触不良现象，元件有无损坏现象；

4）测量断路器欠压脱扣器的接线是否正常，有无失电现象，脱扣线圈有无烧坏现象，若脱扣线圈烧坏，还应清除铁芯工作表面的油污和尘埃，如发现短路环断裂要更换，并调整欠压脱扣器的弹簧拉力，使铁芯和衔铁之间空气隙符合要求；

5）若手动应可以合闸，则应测量合闸线圈的接线是否正常，有无失电现象，合闸线圈有无烧坏现象；

6）检测合闸线圈、微型电机有无断线、烧坏现象；

7）检测智能控制器有无故障及异常。

（2）机械方面。

1）机械方面的故障解决的方法各不相同，检修人员首先应在检查时仔细观察各机械部件有没有脱落、变形损坏，若有则应进行相应的复位调整修复或更换配件等。

2）检查断路器合闸铁芯有无卡涩现象，若发现操动机构不灵活或卡涩现象，应清理铁芯接触面的异物等。

3）测量检查发现合闸电磁铁动作电压过高，可调低动作电压，动作时确保挂钩能够挂住。

4）跳闸机构脱扣时，如自由脱扣机构磨损，会使断路器再扣困难，脱扣容易，有时勉强扣住，一遇振动，则自行脱扣，有时再扣后，一合闸就滑扣。这时应旋转调节螺钉，调整脱扣半轴与跳扣的相对位置，使其接触面积在 2.5mm² 左右，必要时更换相应的零部件。

5）当发现断路器分闸后未复归到预合位置或分闸连杆复归不到位时，应调整断路器的连接构件等，确保操作机构的位置在分闸后复归到位。

6）当发现操动机构不灵活、有卡滞现象时，应检查有无不慎将螺丝、螺母等异物遗落在操动机构中，使断路器操作有卡滞的现象。当然，除了检查操动机构中有无异物外，还要对转动和滑动部位注入润滑油脂。

7）当发现连杆等大件损坏时，一般检修人员是无法修复的，则需要联系厂家派技术人员修理或更换相关部件。

8）当发现电动机传动机构磨损时，如 ME 开关的蜗轮、蜗杆受损，就不能驱动断路器的操动机构再扣、合闸。蜗轮、蜗杆更换比较复杂，也需要专业人员维修。

9）发现操动机构的开断储能弹簧在多次拉伸后松弛或失去弹性，闭合力变小时，必须更换储能弹簧。

10）机械故障通过观察和简单的检查测试就可做出正确判断，所以一旦发现故障点就应及时排除，如接点松脱要紧固，元件损坏和线圈烧毁即需更换。

3.3.3.2　万能式断路器拒合

断路器越级跳闸是指当电力系统线路发生短路、漏电等故障时，本应由该级配置的断路器优先跳闸切除故障，但因故未动作而导致上级断路器越级跳闸来切除故障。断路器保护越级跳闸是电网运行中较为严重的事故，它会使电网停电范围和损失扩大。

1. 故障原因

（1）断路器保护定值整定不当。由于上下级保护定值不匹配，在下级线路发生故障时，本级保护不动作而上级保护动作，或上下级保护同时动作。

（2）上下级保护时限配合不当。由于下级保护时限设置大于上级保护时限，当发生故障时，上级保护达到时限而动作，而下级保护时限未达到不动作。

（3）进线与出线保护的整定值和时限的配合很重要，否则很容易发生越级跳闸。为确保电力系统安全稳定运行，用户进线侧继电保护要求一般比较高，进线侧的速断和过流保护必须满足上一级电网的要求，应确保在最短的时间内切除故障。同时给出线开关的保护整定配置带来困难，在变压器高压侧出现短路故障时，其短路电流与母线电流基本相等，如果速断没有时间配合就容易发生越级跳闸，或同时跳闸。

（4）断路器可动机构卡涩、一二次触点接触不良、跳闸线圈烧毁等问题，都会出现当保护正常动作出口时不能接通跳闸回路或跳闸机构不动作。

2. 故障排查及处理

（1）断路器越级跳闸后应首先检查断路器的保护动作情况。如断路器的保护动作出口，而断路器拒跳发生越级，则应拉开拒跳的断路器两侧隔离开关，并对其他非故障线路进行送电测试。

（2）如果断路器保护未动作发生越级，则应检查停电范围内设备有无故障，若无故障可合上上级断路器，并逐一试送各分路断路器。当送到某一分路时电源断路器又再跳闸，则判断为该断路器故障，可对该线路进行隔离维修更换。

（3）如果已经排除熔断器控制电源电压过低、控制回路接触不良、熔丝熔断等电气故障原因而造成的断路器拒跳，应立即停用断路器，转为检修状态进行处理。

3.3.4 隔离开关故障抢修

隔离开关在运行中，由于操作不当或安装不规范会出现合闸时刀片与静触头接触不良，分闸时隔离开关后段设备带电。当隔离开关合闸不到位时，会造成用户侧电压偏低、缺相或失电等；分闸不到位时会影响电气设备检查人员的安全，严重时会发生触电事故。若发生此故障应及时进行检查和修复，否则就会影响用户侧正常供电与设备检修，严重时还会危及人身安全。

1. 故障原因

（1）运行时间长，设备趋于老化。长时间运行，开关静触指压紧弹簧特性变坏，会导致部分触指与动触头不接触，触指与动触头接触面减少；设备长期运行后材料易氧化锈蚀，接触电阻增加，触指上会出现烧伤坑点；合闸角度存在偏差，会使接触面减少，连接螺栓紧固不够。用电负荷较大时发热频繁，或常年处于稳定大负荷状态，这些都会影响隔离开关分闸不到位。

（2）安装质量不符合要求。安装时开关未垂直安装，开关的动触头与静触头两侧连接片距离应调整不均匀，合闸后接触面过紧或过松；刀片与静触头中心线不在同一平面上，位置偏移；杠杆操作动机构的开关调节杠杆长度过紧或过松，操作不到位不灵活；触头、刀片涂抹电力复合脂等，分合闸不灵活。

（3）操作不到位。分合开关时动作不迅速，三相不同期、不到位，导致导电部分的动、静触头接触不良、不紧密；操作后未对开关分合情况进行检查等。

2. 故障排查及处理

（1）当发生隔离开关分合不到位故障后，一般检查比较直观，肉眼可以观察到，容易被发现，检查方法也很简单。如分闸不到位可以用低压验电器检查隔离开关两侧电压情况，此时隔离开关下桩会有电压；如合闸不到位可以用万用表电压挡检查隔离开关两侧电压是否正常，在处理时为确保人身安全，必须采取停电、验电并做好安全措施后为可检修。

（2）故障处理时，检查开关的动触头与两侧连接片距离调整是否均匀，合闸后接触面有无过紧或过松；刀片与静触头中心线是否在同一平面上，位置有无偏移；杠杆操动机构的开关调节杠杆长度合适，操作能到位灵活。

（3）操作时先合隔离开关，再合开关，分闸时相反，操作时动作要迅速，严禁带负荷分合隔离开关。分闸操作后要确认分闸情况，合闸操作后要确认合闸是否到位。

3.3.5　熔断器故障抢修

熔断器在运行中，由于长时间处于过负荷或动静触头之间接触不良等原因，就会引起发热。熔断器接线端子表面或外壳发热后有明显的变色、变形现象，或伴有烧焦及刺鼻的异味。当发热量达到一定温度时，就会导致熔体熔断或熔座的导电体出现烧灼等现象，如果不及时将故障排除，可能会烧毁熔断器，造成失电故障，严重时还会引发火灾。

（1）故障原因。

1）线路上负荷超过额定范围，熔断器长期承受过负荷电流，就会引起发热。

2）熔断器安装或更换时，接线端子与导线连接不紧密，造成接触电阻增大，就会引起熔断器接线端子发热，甚至产生火花等现象。

3）熔断器的熔体装入时与静触头之间接触不良，收紧弹簧过松等，也会引起熔断器发热。

4）熔断器的瓷绝缘部分有破损或闪络放电痕迹，泄漏电流会引起熔断器发热，甚至烧毁。

5）熔断器的连接螺栓生锈，触头接触面脏污、氧化严重等引起接触不良，就会造成熔断器发热。

6）上下级熔断器的熔断体额定电流配置不正确，熔断器额定电流小于线路实际运行电流。

7）线路处于长期低电压运行状态，实际工作电压低于熔断器的额定电压，也会造成熔断器发热。

8）熔断器的运行环境温度长时间超过阀值。

（2）故障排查及处理。

1）当发现熔断器有发热现象时，应检查熔断器的额定电流与负荷情况是否匹配，有无存在过负荷运行情况，有无低电压现象。一般可观察有关电流表，或采用钳形电流表及万用表现场进行测量，有条件的可通过智能配电终端采集系统进行监测，包括对历史数据的查询分析。如果发现因过负荷引起，应采取调整或分流负荷，或者更换额定容量大一级的熔断器，确保熔断器与线路、与上一级熔断器的额定电流相匹配。如果因低电压引起，则应继续查找引起低电压原因，可采取减轻负载或分流，或者调整变压器分接开关、安装无功补偿装置等调压措施。

2）如果熔断器没有过负荷现象，则应检查熔断器接线端子与导线、熔体与熔座等是否接触紧密，螺栓、弹簧等有无松动现象，安装是否牢固可靠；并检查熔断器接触面有无氧化、腐蚀现象。如发现熔断器有轻微发热时，可对氧化、腐蚀部分进行清洁后，在动静触头接触面上涂上导电脂，重新坚固熔断器的接线端子螺栓、弹簧等，并检查接触紧密、牢固可靠。

3）如检查发现熔断器外观有损伤、变形、开裂现象，瓷绝缘部分有破损或闪络放电痕迹时，熔断器的熔座导体、连接端子等因长时间发热退火较重时，应及时更换熔断器。

4）如检查发现因现场环境温度过高引起，则应采取更换熔断器乃至相关成套设备的位置，或改善通风条件等措施。

5）运行中熔断器的检修，必须在设备确已停电，各项安全措施完整齐备，并有专人监护的情况下进行，以防止人身触电或设备损坏。

3.3.6　剩余电流动作保护装置故障抢修

3.3.6.1　剩余电流动作保护装置拒动

保护器在运行过程中，当被保护线路中有接地、漏电等异常时，保护器发生拒动作。运行中的保护器拒动一般不易发现，主要依靠运行单位的日常巡视检查和试验才能及时发现。所以一旦发现问题，必须立即进行处理，否则保护器因拒动而不能正常动作，失去了应有的保护作用；万一发生故障或事故，后果不堪设想。

（1）故障原因。

1）剩余动作电流选择不当。当选用的保护器剩余动作电流过大或定值设置过大，而线路中实际产生的剩余电流值没有达到设定值时，会导致保护器拒动。

2）在 TT 系统中，由于大部分单位的配电变压器的中性点接地引线采用了铜导线，经常会遭遇社会不法分子的偷窃，从而造成配电变压器中性点接地引线断线；或者接地线连接不实造成接地电阻过大时，均会导致保护器的零序互感器因检测不到剩余电流或检测到低于设定的动作电流值而失效，因此保护器会拒动。

3）各相对地绝缘不平衡，造成各相泄漏电流也不平衡，可出现所谓灵敏与不灵敏相。若在不灵敏相上发生漏电、触电时，可能会导致保护器拒动。因为零序互感器检测到泄漏电流是三相的矢量和，所以在不灵敏相上发生泄漏，只能使各相泄漏电流更加平衡，即使每相泄漏电流值很大，保护器也会发生拒动。

4）中性线（N 线）绝缘差或接地，与配电变压器中性点接地线形成分流作用，导致保护器灵敏度下降或拒动。

5）保护器自身故障引起的拒动。由于运行时间过长、环境温度过高、负荷电流过大等多种原因，可能会引起保护器内部电子线路及设备损坏。例如，电子线路板某个元件烧坏、零序电流互感器副边线圈断线、脱扣线圈烧毁或断线或脱扣机构卡死等。

（2）故障排查及处理。

1）首先应将被保护线路全部退出运行，即将出线开关或熔断器等断开，以检查故障范围是否在出线侧。具体方法是：对保护器单独进行通电试验，送电后反复几次按动保护器面板上的"试验""复位""分合闸""设置"等按钮，如果保护器的指示灯及相应分合闸功能都正确，而且经接地试验也正常，则说明保护器自身及出线开关前段没有问题，可判断为外部线路故障，但外部故障一般概率较小。

2）如果按钮试验正常，接地试验时保护器拒动作，则应检查所选保护器的剩余动作电流值或设置的挡位是否有过大的现象，若有应更换或调整。

3）如果动作值选择或设置无问题，应检查变压器的中性线、接地引线有无断线或接头松动现象，若有则停电后处理。

4）如果按钮试验也不正常，应检查保护器控制回路的接线有无松脱现象，还要检查交流接触器的吸合磁铁是否因长时间吸合而产生粘连不能正常动作，如果没有这些问题，则可能是保护器的自身问题引起，简单的方法是直接更换一台新的保护器进行确认。

5）若在出线侧，先检查被保护范围内线路上有无漏电故障点，具体可用漏电测试仪对每相导线进行检测，漏电较小的一相往往是故障点所在相。

6）检查中性线的绝缘水平和有无接地情况，中性线与保护接地线（PE）有无混线或搭接现象，由于此故障现象经常会出现在用户内线侧，所以要仔细检查，可采用分路、分段或分户法找出线路绝缘的薄弱点和接地点加以处理。

3.3.6.2 剩余电流动作保护装置误动

保护器在运行中发生的动作，大部分是由于在被保护线路上发生接地、漏电等异常引起的，一般情况下故障点是可以直接找到的，这些均属于保护器的正常动作。然而，有很多异常并非线路上发生了接地或漏电，也会使保护器发生频繁动作或误动作。目前，农村配电网中保护器的误动作相对较多，跳闸频繁，动作后停电面大，因而供电可靠性的矛盾将越来越突出。如果不及时处理或处理不彻底，不仅会影响供电的连续性，而且会降低供电质量，引起客户不满或发生不必要的纠纷。

（1）故障原因。

1）当台区内采用分级保护方式时，因各级保护器的额定动作时间选择不当或用户家保安装投运率低，单相用户内线漏电在每相上累计不均匀，使保护器经常发生越级跳闸或造成误动作。另外，多分支漏电之和也可以造成越级误动。

2）三相负荷不平衡，导致三相泄漏电流相差较大，造成三相矢量之和的剩余电流增大，就会导致保护器频繁动作或误动作。

3）当保护器负载侧的中性线重复接地，也会使正常的工作电流经接地点分流入地，造成保护器误动作，或用户侧有中性线与其他回路的中性线连接或接地，或后方有相线与其他回路的同相相线连接，则接通负载时都会造成保护装置误动作。

4）当配电变压器外壳接地、中性线接地和避雷器接地，三者共接在一个接地装置上，通常称为"三位一体"。如果总保护器安装在电源中性点的接地线上，中性线应先穿过保护器的零序互感器后，再和配电变压器外壳接地线、避雷器接地线相连共同接地。如果中性线接地线和避雷器接地线连接后再穿过保护器的零序互感器接地，就有可能在雷电季节时影响剩余电流动作保护器的正常运行导致误动作。

5）变频设备和强弱电同杆架设引起的误动作。公用变压器下一些小企业使用的变频设备，以及农户家中的变频空调等，当采用鉴相鉴幅或脉冲型保护器时，可能产生误动作。通信、有线电视等弱电线路与低压线路同杆架设的情况下，也可能会引起保护器误动作。

6）配电网中的高次谐波干扰引发的误动作。高次谐波中的 3 次、9 次谐波属于零序对称波。在这种情况下，电流通过对地泄漏电阻和对地电容就容易使保护器误动作，比如单相电机通过电容移相启动等。

7）分断空载变压器或低压电路开闭等操作过电压，以及雷电过电压引起的误动作。由于过电压通过负载侧的对地电容形成对地电流，在零序电流互感器的感应脉冲电压并引起误动作。

8）电磁干扰因素引起的误动作。保护器附近有大功率电器，当其开合时产生电磁干扰，或者保护器附近装有的交流接触器、电流互感器、大电流母线等引起保护器误动作。当两路出线装有不同型号的保护器或其中一路的用电负荷较大时的启动过程中，强电场可能影响到临近线路的保护器误动作。

9）剩余电流和电容电流引起的误动作。一般情况下，三相对地电容差别不大，形成的电流矢量和为零，保护器不会动作。如果开关电器各相合闸不同步或因跳动等原因，使各相对地电容不同等充电，就会导致保护器误动作。

10）保护器自身故障或其他如偏离使用环境温度、相对湿度、机械振动过大等超过保护器设计条件时也可造成保护器误动作。

（2）故障排查及处理。

1）当保护器动作后，经检查未发现事故原因时，允许试送电一次，如果再次动作，应查明原因找出故障，不得连续强行送电。

2）一般情况下，保护器动作的原因大都是由于被保护范围内发生了接地、漏电等故障引起的，人身触电事故引起的跳闸占比是极小的，所以，排查时可以通过直观巡查法、缩小范围法、分户试送法、数值对比法等方法尽快找到故障点。

直观巡查法：是指巡视人员针对故障现象进行初步分析判断后，先对被保护范围内的主干线路、分支线路、接户装置等通过目测巡视一次，看是否有导线断线接地、导线触及拉线或横担及其他线路造成漏电，有无线路通道内树枝、植物碰触导线等比较直观的故障点，这是最简单易行的。

缩小范围法：是指巡检人员通过切断出线回路来判断故障在分断点的前后位置。然后，将所有用户全部退出运行，通过试送方法来判断并找到故障在哪一相上或哪条支线上。如果三相中每一相均不会使保护器动作或每一相都会使保护器动作，说明漏电是三相矢量总和后超过了设定值，可能是电网中性线有重复接地或者中性线与保护接地线有并接现象，判断的方法是将三相四线全部断开，然后用一只灯泡一端连接出线中性线上，另一端接断路器的上桩带电的任一相线，如果灯会亮就说明中性线有重复接地接现象。尽量将故障点缩小到最小范围内，可以集中力量排查和处理故障点。

分户试送法：是指巡检人员在切断所有用户后总（分）保试送成功的情况下，可以采取逐户试送的方式来找到故障点。这种方法比较适用于用户侧有接地、漏电较大或接线错误等情况下，而且工作量较大，所以可以先查哪些用户的家保没有投运，这样范围会更小。

数值对比法：是指借助漏电测试仪对线路或设备进行漏电电流测量，然后将测得的数据与原数据进行比较，或经过统计、分析与判断找到故障点，但这种方法工作量大、速度慢且有一定的盲目性。

3）保护器发生误动作的原因很多，所以排查原因是一项比较复杂而烦琐细致的工作。首先通过故障点排查，确定没有直接原因导致保护器动作；然后最好安排掌握一定技巧或具有一定工作经验的人担任排查工作，这样才尽可能在较短的时间内找出问题所在，并处理到位。

具体的排查时可采用"先内后外、先易后难"方法。所谓先内后外，是指巡检人员可以先从配电变压器侧的内部问题查起，如变压器中性线接线、保护器自身故障，实测三相负荷有无不平衡现象，以及台区内各级保护器额定动作时间的匹配有无问题等；然后再检查外部线路和用户侧线路与设备是否存在问题，如中性线有无重复接地、有无三相不平衡泄漏电流等，检查用户侧中性线接地等。所谓先易后难，是指巡检人员可以先从排查比较容易的方面入手，以争取尽快找出误动作的原因，如先检查三相不平衡、越级跳闸、中性点接线等比较直观的故障点；然后通过向周围客户打听近期台区内有无新增设备的用户，向用户了解有无一经启动设备就发生跳闸等现象；最后再排查比较难的问题，比如谐波影响、变频设备及用户累积泄漏电流等。

第4章

用 电 营 销 业 务

4.1 装 表 接 电

4.1.1 电能表的基本知识

（1）概述。

电能表是用于计量电能的电气仪表。凡是有用电的地方，都应有电能表。单相电能表主要用于单相供电、小容量的用电计量。如居民用户、普通商业、非工业户的用电计量，一般以 6kW 为界。三相电能表主要用于三相供电，如居民用户、普通商业、非普工业户、大宗工业用户及大于 6kW 的各类用电计量。

接电是供电企业将申请用电者的受电装置接入供电网的行为。接电后，客户合上自己的开关，即可开始用电，一般安装电能计量装置与接电同时进行，故又称装表接电。

按所接电源性质来分，电能表可分为交流电能表和直流电能表；按应用范畴来分，电能表可分为单相电能表、三相有功电能表、三相无功电能表、最大需量电能表、标准电能表、分时计费电能表等。

（2）电能表的型号含义和铭牌标志。

1）准确度等级。

电能表的准确度等级用一个置于圆圈中的阿拉伯数字表示。如圆圈内的数字是 2.0。则表明该表的准确度 2.0 级，也就是说它的基本误差不大于 2%。通常有功电能表分为 0.5 级、1.0 级和 2.0 级，无功电能表分 2.0 级和 3.0 级。

按规程规定，315kVA 及以下使用 2.0 级，315～2000kVA 使用 1.0 或 2.0 级，2000～10000kVA 使用 0.5 或 1.0 级，10000kVA 以上的使用 0.5 级。

各类电能计量装置用配置的电能表及互感器的准确度等级表见表 4–1。

表 4–1　　　　　　　　　　　　电能表及互感器的准确度等级

电能计量装置类别	准确度等级			
	有功电能表	无功电能表	电压互感器	电流互感器
Ⅰ	0.2S 或 0.5S	2.0	0.2	0.2S 或 0.2
Ⅱ	0.5S 或 0.5	2.0	0.2	0.2S 或 0.2
Ⅲ	1.0	2.0	0.5	0.5S
Ⅳ	2.0	3.0	0.5	0.5S
Ⅴ	2.0	—	—	0.5S

2）电能计量单位的名称和符号。

有功电能表用"千瓦时"即"kWh"，无功电能表用"千乏时"即"kvarh"。

3）标定电流和额定电流。

例如 10（40）A，即电能表的额定电流为 10A，最大允许电流为 40A，此"宽负荷电能表"指可以扩大其使用电流范围的电能表。对于三相电流表应在前面乘以相数，如 3×1.5（6）A；对于经电流互感器接入式电能表应标明电流互感器的额定变比代替电流，如 3×150/5A。

4）额定电压。

对于三相电能表应在前面乘以相数，如 3×380V；对于三相四线电能表应标明线电压与相电压，并以斜线分开，如 3×380/220V；用于高压计量，经电压互感器接入式电能表，应标明电压互感器的额定变比代替电压，如 3×10000/100V。

5）电能表常数。

电能表的常数一般都标示在它的铭牌上，有功电能表常数标明为盘转数或 r/kWh，无功电能表常数标明为 1kvarh＝盘转数或 r/kvarh。

4.1.2　电能表的接线方式

4.1.2.1　单相有功电能表接线方式

（1）接线示意。

（2）单相电能表都是只有一个电流线圈，一个电压线圈，用于单相电路有功电能的测量。如果误将单进单出方式按双进双出方式接线，则会造成电流线圈与电源短路而烧毁。同时，单相电能表如果相线和中性线对调接线会使用户容易窃电。因为用户可用一根电能表相线的出线，再自己另装一根地线代替电能表中性线用电（这就是通常说的一火一地制），这样由于负荷电流不经过电流线圈而使电能表不走，无法计量，见图 4-1。

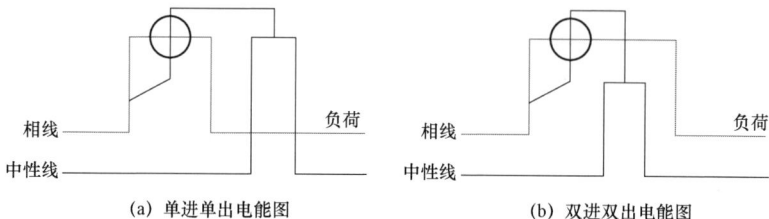

(a) 单进单出电能图   (b) 双进双出电能图

图 4-1 单相有功电能表接线示意

（3）单相电能表新装接线时应分清相中性线，正确分析该电能表是否单进单出，才安装接线，接线时先接负载后接电源。

4.1.2.2 三相四线有功电能表接线方式

（1）接线示意。

（2）三相有功电能表的供电分为两种方式，大多数低压采用三相四线制，高压供电采用三相三线制，其计量方式各不相同。三相四线电路中有功电能的测量一般采用三相四线有功电能表，如 DT6、DT8、DT864 等型号。因三相四线电路可看成是三个单相电路组成的，其总功率为各相功率之和。所以它的计量也可以用三只相同规格的单相电能表计量，其计量结果为三只单相电能表计量值的代数和，它们的规范化接线是相同的，即将电能表的三个电流线圈分别串入三相电路中，电压线圈分别接入相应的相电压，且其同名端应与相应电流线圈的同名端一起接在电源侧。此种接线方式最适合于中性点直接接地的三相四线制系统，且不论三相电压、电流量是否对称，都能正确计量，见图 4-2。

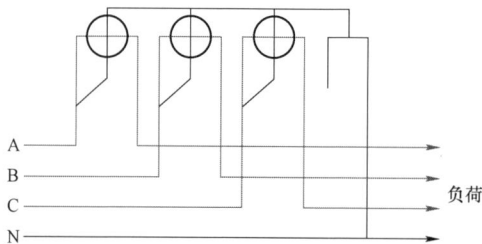

图 4-2 三相四线有功电能表接线示意

（3）三相四线有功电能表的接线中，应注意以下几点：

1）应按正相序接线。因为三相电能表都按正相序校验的。若实际使用时接线相序与校验时的相序不一致，便会产生附加误差。

2）中性线即中性线不能接错，否则电压元件将承受比规定值大 $\sqrt{3}$ 倍的线电压。

3）与中性对应的端钮一定要接牢，否则可能因接触不良或断线产生电压差，引起较大的计量误差。

（4）单相电能表的中性线接法与三相四线有功电能表的中性线接法的区别：

1）单相电能表的中性线接法是将中性线剪断，再接入电能表的 3、4 端子。

2）三相四线有功电能表中性线接法是中性线不剪断，只在中性线上用不小于 $6mm^2$ 的双塑铜芯绝缘线 T 接到三相四线电能表中性线端子上，以供电能表电压元件回路使用。中性线在中间没有断口的情况下直接接到用户设备上。

3）两种电能表中性线采用不同接法。是因为三相四线电能表若中性线剪断接入或在电能表里接触不良，容易造成中性线断开事实，结果会使负载中点和电源中点不重合，负载上承受的电压出现不平衡，有的过电压、有的欠电压，因此设备不能正常工作，承受过电压的设备甚至还会被烧毁。

4.1.2.3　电能表接线注意事项

（1）电能表接线要求。

低压电能表，附有 100/5A 及以上的大型电流互感器，或装表位置、地形复杂，需要有人监护下才能操作。在进行装换表时，应两人进行工作，其中一人进行监护工作。

1）工作人员应穿着工作服及安全鞋，使用绝缘胶柄钳，身体不得与电杆、铁杆、大地相接触。并做好适当的安全保护措施，工作时应设专人监护。

2）在墙上或杆上拉线时，不可用力过猛，须渐渐收紧，上、下工作人员应互相密切配合。在墙上工作前须先详细考察房屋是否坚固、安全可靠，有无倒塌危险，并应对工作周围环境进行观察，采取防止工作中的砖块、工具或工作物跌下，损坏周围物体或击伤行人等的有效安全措施。

3）应以一线工作为原则，禁止同时触及两根导线，并应将有可能接触身体的电线或带电导体。用胶片或绝缘遮栏隔离。

4）装、拆接表线时，须先拉开表后总开关，在无负荷下进行。线头与金属支持物及另一线之间的距离不得少于 100mm，操作时应注意所使用工具，不要和另一线接触，以免发生短路危险，并应按下列程序操作：

拆表时，先拆相线（火线），后拆中性线（中性线）；接线时，先接中性线（中性线），后接相线（火线）。

（2）三相四线电能表的联合接线。

三相电能计量装置一般都在专用的计量柜（盘）上，互感器与电能表之间都通过专用导线或二次电缆连接，并且有专门标志的接线试验端子和相应的接线展开图，以便于带电装拆电能表和现场检验电能表以及检查接线正确性时使用。

（3）联合接线应满足的条件。

1）电压或电流互感器二次侧应设置必要的接线端子，以便检修时互不影响。

2）电压或电流互感器应选择与审批的负荷对应的容量，不宜偏大偏小，以保证电能计量的准确度及审批负荷的有效性。

3）各电能表的电压线圈应并联，电流线圈应串联。

4）电压互感器应接在电流互感器的电源侧。

5）电压互感器和电流互感器应装于变压器的同一侧，而不应分别装于变压器的两侧。

6）非并列运行的线路，不许共用一个电压互感器。

7）电压互感器二次出线端子到电能表端子间的二次回路应专用，且二次导线的选择应保证其电压降不超过额定电压的 0.5%，截面应不少于 $2.5mm^2$。

8）电流互感器二次回路导线应采用铜芯绝缘线，其截面积应不少于 $4mm^2$ 以上。

（4）各类电能表接线时注意事项。

1）电流、电压线圈的同名端子要对应，相序要正确，电压互感器应接于电流互感器的电源侧；

2）区分单相电能表单进单出和双进双出的排列方法；

3）电流、电压线圈同名端子连接片共同方式时应连上，分开方式时应拆开；

4）不能用三相三线有功电能表计量三相四线电路的有功电能；

5）三相四线电能表中性线一定要接牢；

6）三相无功电能表接线除应特别注意相序要正确外，还要注意三相电压的对称性和负载性质。

4.1.2.4 电能表误接线示例

（1）单相电能表电流线圈进线反接。由于同名端反接，所以电能表反转。这时虽然可用首次抄表示数减去末次抄表示数计算电量，但很不准确。因为，圆盘反转时，补偿力矩的方向仍为原来的方向，因此会产生很大的负误差，有时误差可达 -10% 或 -20%，见图 4-3。

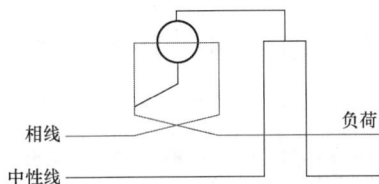

图 4-3 单相电能表电流线圈进线反接示意

（2）三相四线电能表电压线圈中性点与电路中性线断开。当三相电压不对称时，中性线断开后将在电压线圈中性点与中性线 N 之间产生电压 U_0，如果中性线电流不等于零（$I_N \neq 0$），则电能表反映功率要比实际功率少 ΔP，见图 4-4。

$$\Delta P = U_0 I_N \cos\varphi_N$$

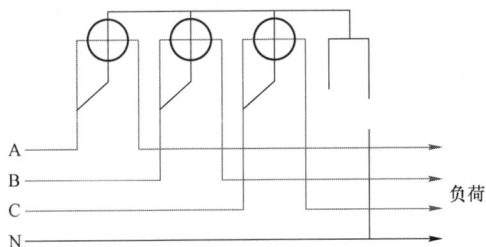

图 4-4 三相四线电能表电压线圈中性点与电路中性线断开示意

（3）三相四线有功表 A 相电流互感器二次反极性。当 A 相电流互感器二次反极性时，只计量了 1/3 的有功电能，乘以 3 为真实有功电能值，见图 4-5。

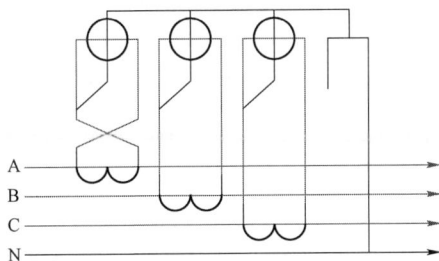

图 4-5 三相四线有功表 A 相电流互感器二次反极性示意

4.1.3 电能表的安装工艺、规范及常见故障

4.1.3.1 单相、三相电能表的安装规范

低压单相、三相四线有功电能表安装竣工，送电前检查以下内容：

（1）复核所装电能表、互感器所装相别是否和工作单上所列相符，并核对电能表字码的正确性。

（2）查电能表和互感器的接线螺钉、螺栓是否拧紧，互感器一次端子垫圈和弹簧圈有否缺失。

（3）查电能表、互感器安装是否牢固，电能表倾斜度是否超过 $1° \sim 2°$。

（4）查电能表的接线是否正确，特别要注意极性标志和电压、电流接线所接相位是否对应。

（5）核对电能表倍率是否正确。

（6）检查二次导线截面电压回路是否为 $2.5mm^2$ 以上，电流回路是否为 $4mm^2$ 及以上，中间不能有接头和施工伤痕。接地回路是否良好。

低压单相、三相四线有功电能表安装竣工，通电检查内容：

（1）验电笔测试单相、三相电能表相线、中性（零）线是否接对，外壳、中性线端子上应无电压。

（2）万用表在电能表接线盒内测量电压是否正常；三相电能表应用相序表复查相序的正确性。

（3）载检查电能表是否空走，即电压线圈有电压、电流线圈无电流情况下圆盘不能转过一圈。

（4）负载检查电能表是否正转及表速是否正常，有否倒转、停走情况。三相四线电能表如为直读表，因不带电流互感器一般直观检查即可发现问题。由于电压线圈和电流线圈用接线盒内连片连接，不会有接不同相的情况，带电流互感器接线，主要检查电压、电流线圈是否接在同一相以及电压或电流互感器极性有否接反，然后采用力矩判断方法，先打开一相电压使表速慢约 1/3，再打开一相表速更慢一点。三相二元件电能表可先断中相（B 相）电压、此时电能表应慢走一半。

（5）线盖板、电能表箱等按规定加封。

电能表安装的一般规定：

（1）电能表的安装地点应尽量靠近计量电能的电流和电压互感器。电能表

应安装在安全、周围环境干燥、光线明亮及便于抄录的地方。

（2）必须装在牢固不受振动的墙上，还要考虑维修电表工作的安全，如表位与开关之间的距离不要太近，防止抄表及现场检验时工作人员误碰开关，造成用户停电。

（3）为使电能表能在带负荷情况下装拆、校验，电能表与电流和电压互感器之间连接的二次导线中间应装有联合接线盒。

（4）无功电能表接线时，应根据各类型无功电能表规定的相序进行接线。

在带电的电流互感器二次回路上工作时应采取的安全措施：

（1）严禁将电流互感器二次侧开路。

（2）短路电流互感器二次绕组，必须使用短路片或短路串，短路应妥善可靠，严禁用导线缠绕。

（3）严禁在电流互感器与短路端子之间的回路和导线上进行任何工作。

（4）工作必须认真、谨慎，不得将回路的永久接地点断开。

（5）工作时，必须有专人监护，使用绝缘工具，并站在绝缘垫上。

4.1.3.2　对计量设备的维护要求

对于非长寿命设计的电能表长期运行后由于污秽、零件磨损、润滑油干枯等原因，会造成电能表走慢、停止等状况，所以必须按周期轮换，轮换周期按不同表型为 3～10 年不等，但目前已对此类表逐步淘汰，换用长寿命表或电子表。计量设备应转为状态检修，高压计量设备应按周期整组巡视、校验。

4.1.3.3　单相、三相电能表带电换表时的注意事项

（1）单相电能表带电换表时应注意以下几点：

1）先拉开用户总刀闸切断负荷。

2）先将电能表相线拔去。拔出时注意不要碰地碰壳，拔出的带电线头用绝缘套套好，再拔其中性线和负载出线及脉冲线。带互感器电能表虽已无负荷电流，最好先用夹子线将电流互感器二次端子短接，然后再拆线。

3）拆下旧的电能表，装上新的电能表。

4）接线先接上中性线和电流线圈出线及脉冲线（接脉冲线时要分清＋、－极），再接上电源相线。带电流互感器电能表在接相线前拆去互感器二次端子上的短路夹子。

5）检查电能表是否空走，然后合上总刀闸，开灯检查电能表是否转动。完毕后加封，填写工作单。

（2）三相四线电能表带电换表时应注意以下几点：

1）拉开用户刀闸切断负荷。

2）依次拆除电能表各相线，每拆一相线须将线头用绝缘套套好，并标记好相色。防止工作中触电及对地短路，接着拆负荷线和中性线。带电流互感器的三相电能表一般都有专用接线盒，利用专用接线盒短路片先将电流互感器二次短路，然后依次拆相线、负荷线和中性线。

3）拆下旧电能表、换装新电能表。

4）恢复接线，先接中性线、负荷线，再接相线。带电流互感器的三相电能表在其接线盒上解除其二次短接状态。

5）与新装电能表一样进行通电检查。并认真填写工作传单，完毕后加封。

（3）三相四线带互感器换表时的注意事项：

1）先拉开用户开关切断负荷，然后再将表前总开关拉开。

2）先拉开用户开关切断负荷，然后再将表前总开关拉开。

3）拆下旧的电流互感器及电能表、换装新电能表及电流互感器。

4）恢复接线时，应按正相序接线。

5）中性线一定要接入电表。

6）中性线与相线不能接错，否则造成电能表烧毁。

7）工作完毕后进行通电检查，并用相序表检查三相相序是否正转，然后加封并认真填写工作传票。

4.1.3.4　计量封印管理规定

（1）装表封印（蓝色）供装表人员使用。

（2）装表封印只能加封在计量器具的端子盒、接线盒和计量箱（柜）门，包括其他容易被窃电的非计量器具（如引接线开口）的位置上。装表封印只能由装表员持有并负责操作。

（3）对于三相用电客户要求装表封印人员在新装、换装、故障处理、现场校验、进行加封操作后，并记录加封的地址、封印名称、颜色、封印编号、换封时间、检定封印情况，并请客户确认封印完好后，由加封人和客户共同签证。其中一联交客户留存，一联送计量专责存档。

（4）严禁施工人员或非封印持有人员代为加封。

（5）封印持有人员必须正确操作封印，保证封印有效性。

（6）封印持有人每天应认真记录使用封印的数量，回收的数量，妥善保存好封印（包含报废的封印）。

（7）封印持有人每月的第一个工作日，统计上月封印的领用数量、回收数量、剩余数量，并如数交回封印管理员。

4.2 业　扩　报　装

4.2.1　业扩报装的含义

业扩报装工作是指受理客户的用电申请，根据客户用电的必要性和电网供电的可能性，办理用电与供电不断扩充的有关业务工作，以满足新老客户的用电需求。其实质就是发展新客户，开拓电力市场。根据《国家电网有限公司业扩报装管理规则》（国家电网企管〔2019〕431 号）的规定，业扩报装工作包括业务受理、现场勘查、供电方案确定及答复、业务费收取、配套电网工程建设、设计文件审查、中间检查、竣工检验、供用电合同签订、停（送）电计划编制、装表接电、资料归档等全过程。

业扩报装工作全面践行"四个服务"宗旨及"你用电、我用心"服务理念，强化市场意识、竞争意识，认真贯彻国家法律法规、标准规程和供电服务监管要求，严格遵守公司供电服务"三个十条"规定，按照"主动服务、一口对外、便捷高效、三不指定、办事公开"原则，开展业扩报装工作。

"主动服务"原则，指强化市场竞争意识，前移办电服务窗口，由等待客户到营业厅办电，转变为客户经理上门服务，搭建服务平台，统筹调度资源，创新营销策略，制订个性化、多样化的套餐服务，争抢优质客户资源，巩固市场竞争优势。

"一口对外"原则，指健全高效的跨专业协同运作机制，营销部门统一受理客户用电申请，承办业扩报装具体业务，并对外答复客户；发展、财务、运检等部门按照职责分工和流程要求，完成相应工作内容；深化营销系统与相关专业系统集成应用和流程贯通，支撑客户需求、电网资源、配套电网工程建设、停（送）电计划、业务办理进程等跨专业信息实时共享和协同高效运作。

"便捷高效"原则，指精简手续流程，推行"一证受理"和容量直接开放，实施流程"串改并"，取消普通客户设计文件审查和中间检查；畅通"绿色通道"，与客户工程同步建设配套电网工程；拓展服务渠道，加快办电速度，逐步实现客户最多"只进一次门，只上一次网"，即可办理全部用电手续；深化业扩全流程信息公开与实时管控平台应用，实行全环节量化、全过程管控、全业务考核。

"三不指定"原则，指严格执行国家规范电力客户工程市场的相关规定，按照统一标准规范提供办电服务，严禁以任何形式指定设计、施工和设备材料供应单位，切实保障客户的知情权和自主选择权。

"办事公开"原则，指坚持信息公开透明，通过营业厅、"掌上电力"手机App、95598网站等渠道，公开业扩报装服务流程，工作规范，收费项目、标准及依据等内容；提供便捷的查询方式，方便客户查询设计、施工单位，业务办理进程，以及注意事项等信息，主动接受客户及社会监督。

4.2.2 业务受理

向客户提供营业厅、"掌上电力"手机App、95598网站等办电服务渠道，实行"首问负责制""一证受理""一次性告知""一站式服务"。对于有特殊需求的客户群体，提供办电预约上门服务。

受理客户用电申请时，应主动向客户提供用电咨询服务，接收并查验客户申请资料，及时将相关信息录入营销业务应用系统，由系统自动生成业务办理表单（表单中办理时间和相应二维码信息由系统自动生成）。推行线上办电、移动作业和客户档案电子化，坚决杜绝系统外流转。

（1）实行营业厅"一证受理"。受理时应询问客户申请意图，向客户提供业务办理告知书，告知客户需提交的资料清单、业务办理流程、收费项目及标准、监督电话等信息。对于申请资料暂不齐全的客户，在收到其用电主体资格证明并签署"承诺书"后，正式受理用电申请并启动后续流程，现场勘查时收资。已有客户资料或资质证件尚在有效期内，则无需客户再次提供。推行居民客户"免填单"服务，业务办理人员了解客户申请信息并录入营销业务应用系统，生成用电登记表，打印后交由客户签字确认。

（2）提供"掌上电力"手机App、95598网站等线上办理服务。通过线上渠道业务办理指南，引导客户提交申请资料、填报办电信息。电子坐席人员在一个工作日内完成资料审核，并将受理工单直接传递至属地营业厅，严禁层层派单。对于申请资料暂不齐全的客户，按照"一证受理"要求办理，由电子坐席人员告知客户在现场勘查时收资。

（3）实行同一地区可跨营业厅受理办电申请。各级供电营业厅，均应受理各电压等级客户用电申请。同城异地营业厅应在1个工作日内将收集的客户报装资料传递至属地营业厅，实现"内转外不转"。

4.2.3　现场勘查及供电方案答复

根据与客户预约的时间,组织开展现场勘查。现场勘查前,应预先了解待勘查地点的现场供电条件。

现场勘查实行合并作业和联合勘查,推广应用移动作业终端,提高现场勘查效率。

(1)低压客户实行勘查装表"一岗制"作业。具备直接装表条件的,在勘查确定供电方案后当场装表接电;不具备直接装表条件的,在现场勘查时答复客户供电方案,由勘查人员同步提供设计简图和施工要求,根据与客户约定时间或配套电网工程竣工当日装表接电。

(2)高压客户实行"联合勘查、一次办结",营销部(客户服务中心)负责组织相关专业人员共同完成现场勘查。

现场勘查应重点核实客户负荷性质、用电容量、用电类别等信息,结合现场供电条件,初步确定供电电源、计量、计费方案,并填写现场勘查单。勘查主要内容包括:

(1)对申请新装、增容用电的居民客户,应核定用电容量,确认供电电压、用电相别、计量装置位置和接户线的路径、长度。

(2)对申请新装、增容用电的非居民客户,应审核客户的用电需求,确定新增用电容量、用电性质及负荷特性,初步确定供电电源、供电电压、供电容量、计量方案、计费方案等。

(3)对拟定的重要电力客户,应根据国家确定重要负荷等级有关规定,审核客户行业范围和负荷特性,并根据客户供电可靠性的要求以及中断供电危害程度确定供电方式。

(4)对申请增容的客户,应核实客户名称、用电地址、电能表箱位、表位、表号、倍率等信息,检查电能计量装置和受电装置运行情况。

对现场不具备供电条件的,应在勘查意见中说明原因,并向客户做好解释工作。勘查人员发现客户现场存在违约用电、窃电嫌疑等异常情况,应做好记录,及时报相关责任部门处理,并暂缓办理该客户用电业务。在违约用电、窃电嫌疑排查处理完毕后,重新启动业扩报装流程。

依据供电方案编制有关规定和技术标准要求,结合现场勘查结果、电网规划、用电需求及当地供电条件等因素,经过技术经济比较、与客户协商一致后,拟定供电方案。方案包含客户用电申请概况、接入系统方案、受电系统方案、计量计费方案、其他事项等 5 部分内容：

（1）用电申请概况：户名、用电地址、用电容量、行业分类、负荷特性及分级、保安负荷容量、电力用户重要性等级。

（2）接入系统方案：各路供电电源的接入点、供电电压、频率、供电容量、电源进线敷设方式、技术要求、投资界面及产权分界点、分界点开关等接入工程主要设施或装置的核心技术要求。

（3）受电系统方案：用户电气主接线及运行方式，受电装置容量及电气参数配置要求；无功补偿配置、自备应急电源及非电性质保安措施配置要求；谐波治理、调度通信、继电保护及自动化装置要求；配电站房选址要求；变压器、进线柜、保护等一、二次主要设备或装置的核心技术要求。

（4）计量计费方案：计量点的设置、计量方式、用电信息采集终端安装方案，计量柜（箱）等计量装置的核心技术要求；用电类别、电价说明、功率因数考核办法、线路或变压器损耗分摊办法。

（5）其他事项：客户应按照规定交纳业务费用及收费依据，供电方案有效期，供用电双方的责任义务，特别是取消设计文件审查和中间检查后，用电人应履行的义务和承担的责任（包括自行组织设计、施工的注意事项，竣工验收的要求等内容），其他需说明的事宜及后续环节办理有关告知事项。

对于具有非线性、不对称、冲击性负荷等可能影响供电质量或电网安全运行的客户，应书面告知其委托有资质单位开展电能质量评估，并在设计文件审查时提交初步治理技术方案。

根据客户供电电压等级和重要性分级，取消供电方案分级审批，实行直接开放、网上会签或集中会审，并由营销部门统一答复客户。

（1）10（20）kV 及以下项目，原则上直接开放，由营销部（客户服务中心）编制供电方案，并经系统推送至发展、运检、调控等部门备案；对于电网接入受限项目，实行先接入、后改造。

（2）35kV 项目，由营销部（客户服务中心）委托经研院（所）编制供电方案，营销部（客户服务中心）组织相关部门进行网上会签或集中会审。

（3）110kV 及以上项目，由客户委托具备资质的单位开展接入系统设计，发展部委托经研院（所）根据客户提交的接入系统设计编制供电方案，由发展部组织进行网上会签或集中会审。营销部（客户服务中心）负责统一答复客户。

高压供电方案有效期 1 年，低压供电方案有效期 3 个月。若需变更供电方案，应履行相关审查程序，其中，对于客户需求变化造成供电方案变更的，应书面告知客户重新办理用电申请手续；对于电网原因造成供电方案变更的，应与客户沟通协商，重新确定供电方案后答复客户。

供电方案答复期限：在受理申请后，低压客户在次工作日完成现场勘查并答复供电方案；10kV 单电源客户不超过 14 个工作日；10kV 双电源客户不超过 29 个工作日；35kV 及以上单电源客户不超过 15 个工作日；35kV 及以上双电源客户不超过 30 个工作日。

4.2.4　设计文件审查和中间检查

对于重要或者有特殊负荷（高次谐波、冲击性负荷、波动负荷、非对称性负荷等）的客户，开展设计文件审查和中间检查。对于普通客户，实行设计单位资质、施工图纸与竣工资料合并报送。

受理客户设计文件审查申请时，应查验设计单位资质等级证书复印件和设计图纸及说明（设计单位盖章），重点审核设计单位资质是否符合国家相关规定。如资料欠缺或不完整，应告知客户补充完善。

严格按照国家、行业技术标准以及供电方案要求，开展重要或特殊负荷客户设计文件审查，审查意见应一次性书面答复客户。重点包括：

（1）主要电气设备技术参数、主接线方式、运行方式、线缆规格应满足供电方案要求；通信、继电保护及自动化装置设置应符合有关规程；电能计量和用电信息采集装置的配置应符合《电能计量装置技术管理规程》、国家电网公司智能电能表以及用电信息采集系统相关技术标准。

（2）对于重要客户，还应审查供电电源配置、自备应急电源及非电性质保安措施等，应满足有关规程、规定的要求。

（3）对具有非线性阻抗用电设备（高次谐波、冲击性负荷、波动负荷、非对称性负荷等）的特殊负荷客户，还应审核谐波负序治理装置及预留空间，电能质量监测装置是否满足有关规程、规定要求。

设计文件审查合格后，应填写客户受电工程设计文件审查意见单，并在审核通过的设计文件上加盖图纸审核专用章，告知客户下一环节需要注意的事项：

（1）因客户原因需变更设计的，应填写《客户受电工程变更设计申请联系单》，将变更后的设计文件再次送审，通过审核后方可实施。

（2）承揽受电工程施工的单位应具备政府部门颁发的相应资质的承装（修、试）电力设施许可证。

（3）工程施工应依据审核通过的图纸进行。隐蔽工程掩埋或封闭前，须报

供电企业进行中间检查。

（4）受电工程竣工报验前，应向供电企业提供进线继电保护定值计算相关资料。

设计图纸审查期限：自受理之日起，高压客户不超过 5 个工作日。

受理客户中间检查报验申请后，应及时组织开展中间检查。发现缺陷的，应一次性书面通知客户整改。复验合格后方可继续施工。

（1）现场检查前，应提前与客户预约时间，告知检查项目和应配合的工作。

（2）现场检查时，应查验施工企业、试验单位是否符合相关资质要求，重点检查涉及电网安全的隐蔽工程施工工艺、计量相关设备选型等项目。

（3）对检查发现的问题，应以书面形式一次性告知客户整改。客户整改完毕后报请供电企业复验。复验合格后方可继续施工。

（4）中间检查合格后，以受电工程中间检查意见单书面通知客户。

（5）对未实施中间检查的隐蔽工程，应书面向客户提出返工要求。

中间检查的期限，自接到客户申请之日起，高压供电客户不超过 3 个工作日。

4.2.5 竣工检验

简化竣工检验内容，重点查验可能影响电网安全运行的接网设备和涉网保护装置，取消客户内部非涉网设备施工质量、运行规章制度、安全措施等竣工检验内容；优化客户报验资料，普通客户实行设计、竣工资料合并报验，一次性提交。

竣工检验分为资料查验和现场查验。

（1）资料查验：在受理客户竣工报验申请时，应审核客户提交的材料是否齐全有效，主要包括：高压客户竣工报验申请表；设计、施工、试验单位资质证书复印件；工程竣工图及说明；电气试验及保护整定调试记录，主要设备的型式试验报告。

（2）现场查验：应与客户预约检验时间，组织开展竣工检验。按照国家、行业标准、规程和客户竣工报验资料，对受电工程涉网部分进行全面检验。对于发现缺陷的，应以受电工程竣工检验意见单的形式，一次性告知客户，复验合格后方可接电。查验内容包括：

1）电源接入方式、受电容量、电气主接线、运行方式、无功补偿、自备电源、计量配置、保护配置等是否符合供电方案；

2）电气设备是否符合国家的政策法规，以及国家、行业等技术标准，是否存在使用国家明令禁止的电气产品；

3）试验项目是否齐全、结论是否合格；

4）计量装置配置和接线是否符合计量规程要求，用电信息采集及负荷控制装置是否配置齐全，是否符合技术规范要求；

5）冲击负荷、非对称负荷及谐波源设备是否采取有效的治理措施；

6）双（多）路电源闭锁装置是否可靠，自备电源管理是否完善、单独接地、投切装置是否符合要求；

7）重要电力用户保安电源容量、切换时间是否满足保安负荷用电需求，非电保安措施及应急预案是否完整有效；

8）供电企业认为必要的其他资料或记录。

（3）竣工检验合格后，应根据现场情况最终核定计费方案和计量方案，记录资产的产权归属信息，告知客户检查结果，并及时办结受电装置接入系统运行的相关手续。

竣工检验的期限，自受理之日起，高压客户不超过 5 个工作日。

4.2.6　业扩配套电网工程管理

业扩配套电网工程建设范围包括：业扩接入引起的公共电网（含输配电线路、开闭站所、环网柜等）新建、改造；各类工业园区、开发区内 35kV 及以上中心变电所、10（20）kV 开关（环网）站所等共用的供配电设施；国家批准的各类新增省级及以上园区内用户红线外供配电设施；电能替代项目、电动汽车充换电设施红线外供配电设施。

强化市场调研分析，提前获取客户潜在用电需求，并通过系统推送发展、运检等部门，提前做好电网规划和建设。对因电网原因暂时接入受限的业扩项目，应按照先接入、后改造要求实施，并纳入受限项目清单。

畅通"绿色通道"，优化业扩配套电网项目计划和物资供应流程，合理安排项目立项、物资供应、工程实施等建设时序，加快业扩配套电网工程建设，确保与客户工程同步实施、同步投运，满足客户用电需求。

对 35kV 及以下业扩配套电网基建项目、技改项目，全部纳入 35kV 及以下电网基建项目包、生产技改项目包，每年由省公司分别上报两个项目包总额。在总部下达项目包计划和预算后，省公司应及时将项目包分解至市县公司，由市县公司根据客户需求匹配具体项目，推送 ERP 建项，并组织实施。

优化园区业扩配套电网项目管理，在总部下达的年度综合计划和预算额度内，优先安排园区业扩配套电网项目投资。对计划外新增的业扩配套电网工程，由市公司先建项实施，再报省公司、总部备案。加强备案管理和事后监督，电网规划、综合计划和预算调整不纳入考核。

快速响应业扩配套电网工程需求，物资类应根据法律法规及公司制度采取相应的采购方式实施；服务类（设计、施工、监理）中不属于依法公开招标的，可采用非招标采购方式，并采取框架协议方式执行采购结果。业扩配套电网紧急工程物资采购申请纳入总部就近批次实施，也可根据工程实际情况由总部授权省公司开展招标采购。对部分成规模的业扩配套电网紧急工程，可应用 EPC 模式实施采购。

实行业扩配套电网工程建设限时机制，低压项目、10（20）kV 项目，自供电方案答复之日起有效建设周期（不含政府审批程序、施工受阻等电网企业不可控因素消耗时间）最长不超过 10 个、60 个工作日；35kV 及以上项目，实行领导责任制，定期督办，确保与客户受电工程同步实施、同步送电。对于电网接入受限改造项目，低压、10（20）kV 项目有效建设周期分别不长于 10 个、120 个工作日。

4.2.7 收费及合同签订

严格按照价格主管部门批准的项目、标准计算业务费用，经审核后书面通知客户交费。收费时应向客户提供相应的票据，严禁自立收费项目或擅自调整收费标准。

根据公司下发的统一供用电合同文本，与客户协商拟订合同内容，形成合同文本初稿及附件。对于低压居民客户，精简供用电合同条款内容，可采取背书方式签订，或通过"掌上电力"手机 App、移动作业终端电子签名方式签订。对于低压小微企业，试点签订电子供用电合同。

高压供用电合同实行分级管理，由具有相应管理权限的人员进行审核。对于重要客户或者对供电方式及供电质量有特殊要求的客户，采取网上会签方式，经相关部门审核会签后形成最终合同文本。

供用电合同文本经双方审核批准后，由双方法定代表人、企业负责人或授权委托人签订，合同文本应加盖双方的"供用电合同专用章"或公章后生效；如有异议，由双方协商一致后确定合同条款。利用密码认证、智能卡、手机令牌等先进技术，推广应用供用电合同网上签约。

4.2.8　装表接电

电能计量装置和用电信息采集终端的安装应与客户受电工程施工同步进行，送电前完成。

（1）现场安装前，应根据供电方案、设计文件确认安装条件，并提前与客户预约装表时间。

（2）采集终端、电能计量装置安装结束后，应核对装置编号、电能表起度及变比等重要信息，及时加装封印，记录现场安装信息、计量印证使用信息，请客户签字确认。

根据客户意向接电时间及施工进度，营销部门提前在营销业务应用系统录入意向接电时间等信息，并推送至 PMS 系统。在停（送）电计划批复发布后，运检部门通过 PMS 系统反馈至营销业务应用系统。根据现场作业条件，优先采用不停电作业。35kV 及以上业扩项目，实行月度计划，10kV 及以下业扩项目，推行周计划管理。

对于已确定停（送）电时间，因客户原因未实施停（送）电的项目，营销部门负责与客户确定接电时间调整安排，重新报送停（送）电计划；因天气等不可抗因素，未按计划实施的项目，若电网运行方式没有发生重大调整，可按原计划顺延执行。

正式接电前，应完成接电条件审核，并对全部电气设备做外观检查，确认已拆除所有临时电源，并对二次回路进行联动试验，抄录电能表编号、主要铭牌参数、起度数等信息，填写电能计量装接单，并请客户签字确认。

接电条件包括：启动送电方案已审定，新建的供电工程已验收合格，客户的受电工程已竣工检验合格，供用电合同及相关协议已签订，业务相关费用已结清。

接电后应检查采集终端、电能计量装置运行是否正常，会同客户现场抄录电能表示数，记录送电时间、变压器启用时间等相关信息，依据现场实际情况填写新装（增容）送电单，并请客户签字确认。

装表接电的期限：

（1）对于无配套电网工程的低压居民客户，在正式受理用电申请后，2 个工作日内完成装表接电工作；对于有配套电网工程的低压居民客户，在工程完工当日装表接电。

（2）对于无配套电网工程的低压非居民客户，在正式受理用电申请后，3个工作日内完成装表接电工作；对于有配套电网工程的低压非居民客户，在工程完工当日装表接电。

（3）对于高压客户，在竣工验收合格，签订供用电合同，并办结相关手续后，5个工作日内完成送电工作。

（4）对于有特殊要求的客户，按照与客户约定的时间装表接电。

4.2.9 资料归档

推广应用营销档案电子化，逐步取消纸质工单，实现档案信息的自动采集、动态更新、实时传递和在线查阅。在送电后3个工作日内，收集、整理并核对归档信息和资料，形成归档资料清单。

制订客户资料归档目录，利用系统校验、95598回访等方式，核查客户档案资料，确保完整准确。如果档案信息错误或信息不完整，则发起纠错流程。具体要求如下：

（1）档案资料应保留原件，确不能保留原件的，保留与原件核对无误的复印件。供电方案答复单、供用电合同及相关协议必须保留原件。

（2）档案资料应重点核实有关签章是否真实、齐全，资料填写是否完整、清晰。

（3）各类档案资料应满足归档资料要求。档案资料相关信息不完整、不规范、不一致的，应退还给相应业务环节补充完善。

（4）业务人员应建立客户档案台账并统一编号建立索引。

4.3 电 价 电 费

4.3.1 居民生活用电

居民生活用电包括城乡居民住宅用电和执行居民电价的非居民用电。

4.3.1.1 城乡居民住宅用电

1. 执行范围

城乡居民住宅用电是指城乡居民家庭住宅，以及机关、部队、学校、企事业单位集体宿舍的生活用电。

利用居民、职工住宅、集体宿舍开办会所、商店、餐饮、美容美发、网吧等从事生产、经营活动用电，不属于居民生活用电。

依据：《自治区发展改革委关于调整宁夏电网销售电价分类适用范围的通知》[宁发改价格（管理）〔2020〕781 号]。

2. 执行标准

城乡"一户一表"居民住宅用户原则上以住宅为单位，一个房产证明对应的住宅为"一户"，没有房产证明的，以供电企业为居民用户安装的电表（合表用户除外）为单位。

考虑到我区居民用户用电存在季节性差异，居民阶梯电价以年度电量为单位实施，按照三档分类，电价实行分档递增，见表 4-2。

表 4-2　　　　　　　　居民阶梯电价分档标准　　　　　单位：kWh、元/kWh

分档标准	月阶梯			年阶梯		
	电量	电价	价格幅度	电量	电价	价格幅度
第一档	0～170（含 170）	0.4486	/	0～2040（含 2040）	0.4486	/
第二挡	171～260（含 260）	0.4986	加价 0.05	2041～3120（含 3120）	0.4986	加价 0.05
第三档	261 及以上	0.7486	加价 0.30	3121 及以上	0.7486	加价 0.30

3. 有关配套政策

（1）低保户和五保户。

对全区城乡居民"低保户"和农村"五保户"家庭，每户每月设置 10 度免费电量，采用"先征后返"的方式。供电公司将 10 度免费电量折成现金，根据民政部门提供的户数，将款拨付到指定财政专户，财政部门依据民政部门的补贴家庭名单，通过县区"一卡通"直接发放到受益家庭。

（2）多人口家庭。

对于一户多人口家庭，户籍人口为 5 人及以上的家庭，具备分户条件的，尽量分户分表；不具备分户条件的，每户每月增加 40 度的阶梯电量基数，即第一档电量每月 0～210 度（含 210 度），第二档电量每月 211～300 度（含 300 度），第三档电量为超过 300 度部分。

（3）合表电价标准。

合表用户用电价格，执行居民阶梯电价第二档电量对应的电价标准，不执行峰谷分时电价政策。

依据:《宁夏回族自治区物价局关于我区居民生活用电试行阶梯电价有关问题的通知》(宁价商发〔2012〕51 号)。

(4)注意事项。

电能表版本不同,表内设置计费方式也不同,2009 版本地费控电能表表内设置月阶梯,2013 版本地费控电能表表内设置年阶梯,远程费控电能表表内不设置阶梯电价。

1)营销业务应用系统按年阶梯算费,针对 2009 版本电能表表内月阶梯计算电费金额与系统年阶梯计算金额不一致的情况,每年 1 月开展阶梯电费年清算。

2)本地费控电能表更换为远程费控电能表,在费控策略调整时,同步完成阶梯电费和旧表电量清算。

4.3.1.2 执行居民电价的非居民用户

1. 执行范围

城乡居民住宅小区公用附属设施、学校教学和学生生活、社会福利场所生活、宗教场所生活、城乡社区居民委员会和农村村民委员会服务设施、监狱监房生活、乡镇政府和卫生院、居民类采暖用电。

(1)城乡居民住宅小区公用附属设施用电。

指城乡居民家庭住宅小区内的公共场所照明、电梯、电子防盗门、电子门铃、消防、绿地、门卫、车库、二次供水设施等非经营性用电。

不包括物业管理办公场所、经营性场所、收费经营的车场车库、市政管理的小区路灯以及通讯运营商等位于小区内的用电设施等从事生产、经营活动用电。

(2)学校教学和学生生活用电。

指学校的教室、图书馆、实验室、体育用房、校系行政用房等教学设施,以及学生食堂、澡堂、宿舍等学生生活设施用电。

执行居民用电价格的学校,是指经国家有关部门批准,由政府及其有关部门、社会组织和公民个人举办的公办、民办学校,包括:① 普通高等学校(包括大学、独立设置的学院和高等专科学校);② 普通高中、成人高中和中等职业学校(包括普通中专、成人中专、职业高中、技工学校);③ 普通初中、职业初中、成人初中;④ 普通小学、成人小学;⑤ 幼儿园(托儿所);⑥ 特殊教育学校(对残障儿童、少年实施义务教育的机构)。不包括各类经营性培训机构，如驾校、烹饪、美容美发、语言、电脑培训等，以及机关、企事业单位培训机构、学校兼营经营性培训、非学生参加劳动实习为主的校办企业等生产经营用电。

（3）社会福利场所生活用电。

指经县级及以上人民政府民政部门批准，由国家、社会组织和公民个人举办的，为老年人、残疾人、孤儿、弃婴提供养护、康复、托管等服务场所的生活用电。

（4）宗教场所生活用电。

指经县级及以上人民政府宗教事务部门登记的寺院、宫观、清真寺、教堂等宗教活动场所常住人员和外来暂住人员的生活用电。不包括举办宗教活动的场所以及供游客参观、购物、餐饮、住宿等经营性场所用电。

（5）城乡社区居民委员会和农村村民委员会服务设施用电。

指城乡社区居民委员会、农村村民委员会的工作场所及非经营公益服务设施的用电。包括：城乡社区居民委员会和农村村民委员会办公场所用电；附属的非经营公益性的图书阅览室、警务室、医务室、健身室等用电；附属的福利院、敬老院以及为老年人提供膳宿服务的养老服务设施的用电；附属的托儿所、幼儿园的生活用电。不包括街道办事处用电。

（6）监狱监房生活用电。

指监狱单位的宿舍、监房、食堂、澡堂等生活设施用电。

（7）乡镇政府、卫生院用电。

（8）居民类采暖用电。

采用电锅炉、热泵等电辅助加热设备向居民（不含商业用户）提供供暖服务用电、农村地区"煤改电"集中供热用电。

依据：《自治区发展改革委关于调整宁夏电网销售电价分类适用范围的通知》（宁发改价格〔2020〕781 号）。

2. 执行标准

0.4986 元/kWh。

3. 注意事项

（1）居民小区楼道灯用电执行居民生活用电的非居民用户电价。

（2）居民家庭住宅、居民住宅小区中设置的非经营性的充电设施用电，执行居民生活用电的合表用电价格标准；执行居民电价的非居民用户的非经营性充电设施用电，执行主行业电价标准，上述电价均可自愿选择执行峰谷分时电价。

（3）小区公用附属设施由小区物业公司运维管理的，执行居民电价的非居民用户电价；由供水、供热公司等负责运维的，执行工商业电价。具备独立计量条件的居民自用储藏室用电执行城乡居民生活用电合表电价标准。

依据：《国网宁夏电力公司关于报备输配电价相关执行方式的函》（宁电〔2023〕37号）。

4.3.2 农业生产用电

农业生产用电是指农作物种植、林木培育和种植、畜牧业和渔业、农业排灌、农产品初加工和贮藏、秸秆初加工及保鲜仓储设施用电，不包括其他农、林、牧、渔服务业用电。农业生产用电执行农业生产电价、农业排灌电价、多级扬水电价。

4.3.2.1 农业生产用电执行范围

1. 农作物种植用电

包括谷物、豆类、薯类、棉花、油料、糖料、麻类、烟草、蔬菜、食用菌、园艺作物、水果、坚果、含油果、饮料和香料作物、中药材及其他农作物种植用电。

2. 林木培育和种植用电

林木育种和育苗、造林和更新、森林经营和管护、园艺产业园（除办公照明用电外）、非经营性景观林养护、市政绿化等活动用电。其中，森林经营和管护用电是指在林木生长的不同时期进行的促进林木生长发育的活动用电。

3. 畜牧业用电

为了获得各种畜禽产品而从事的动物饲养活动用电。不包括专门供体育活动和休闲等活动相关的禽畜饲养用电。

4. 渔业用电

在内陆水域对各种水生动物进行养殖、捕捞，以及在海水中对各种水生动植物进行养殖、捕捞活动用电。不包括专门供体育活动和休闲钓鱼等活动用电以及水产品的加工用电。

5. 农产品初加工用电

对各种农产品（包括天然橡胶、纺织纤维原料）进行脱水、凝固、去籽、净化、分类、晒干、剥皮、初烤、沤软或大批包装以提供初级市场的用电。

6. 农产品贮藏用电

谷物、豆类、薯类、棉花、油料、糖料、麻类、烟草、蔬菜、食用菌、园艺作物、水果、坚果、含油果、饮料和香料作物、中药材及其他农作物（在初次交易环节前）贮藏用电。

7. 秸秆初加工用电

个人或单位对秸秆进行捡拾、打捆、切割、粉碎、压块等工作程序的用电，但不包括此后深加工生产程序用电。

8. 保鲜仓储设施用电

对家庭农场、农民合作社、供销合作社、邮政快递企业、产业化龙头企业、农产品流通企业在农村建设的保鲜仓储设施用电。"农村"是指以民政部门确认的村民委员会辖区为划分对象，范围在城镇以外的区域。可参照《统计上使用的县以下行政区划代码编制规则》（国统字〔2000〕64 号），行政区划代码第三段编码（第 10～12 位，表示行政村）在"200～399"范围内的村，界定为农村。

"保鲜仓储设施"是指为上述企业在农村建设的具备冷藏、冷冻、保温等温度控制的恒温库、冷库，同时直接向电网企业进行报装用电的，在产品初加工生产环节或之前环节执行农业生产用电价格。

注：保鲜仓储设施用电价格执行清单制，按自治区相关主管部门和当地农业农村局印发的保鲜仓储用电企业名单，经现场核实确认后执行。

依据：《自治区发展改革委关于调整宁夏电网销售电价分类适用范围的通知》（宁发改价格〔2020〕781 号）；《自治区发展改革委关于农村保鲜仓储设施用电实行农业生产用电价格政策的通知》[宁发改价格（管理）〔2020〕452 号]。

4.3.2.2　农业排灌和多级扬水电价执行范围

（1）用于农作物种植、林木培育和种植（仅限于退耕还林、防沙治沙）的灌溉及排涝用电统一执行农业排灌电价；上述灌溉及排涝用电范围中是多级扬水（扬程在 50 米及以上）用电的，统一执行多级扬水用电价格。

（2）农村地区人畜饮水用电执行农业排灌电价。

依据：《自治区发展改革委关于调整宁夏电网销售电价分类适用范围的通知》（宁发改价格〔2020〕781 号）。

4.3.2.3 执行标准（见表4-3）

表4-3   农业生产用电电价表   单位：元/kWh（含税）

用电分类	电度电价		
	不满1kV	1～10kV	35～110kV以下
农业生产用电	0.4730	0.4630	0.4530
其中：农业排灌用电	0.3020	0.2920	0.2820
红寺堡区涉农扶贫农业排灌用电	0.2020	0.1920	0.1820
多级扬水用电	0.106		
固海、红寺堡、盐环定三大扬水	0.083		

注 1. 固海、红寺堡、盐环定三大扬水工程电价依据"宁夏回族自治区人民政府专题会议纪要（2021年11月23日第77期）"执行时间到2025年。

2. 红寺堡区涉农扶贫农业排灌用电价格依据《关于制定红寺堡区涉农扶贫试点用电价格的通知》（宁价商发〔2015〕42号）执行。

3. 此表峰谷电价按平段上、下浮50%计算，峰谷电价计算基础不含政府性基金及附加。

4. 峰时段：7:00～9:00，17:00～23:00；谷时段：9:00～17:00；平时段：23:00～24:00，0:00～7:00。

4.3.2.4 注意事项

（1）根据2020年3月25日《自治区粮食和物资储备局关于对我区粮食烘干初级市场用电执行农业生产电价的函》，对我区65家粮食烘干项目用电执行农业生产用电价格。

（2）根据《自治区商务厅关于为冷链企业申请执行农业生产用电价格政策的函》宁商函〔2021〕104号，自2020年1月2日起，对11家冷链企业执行农业生产用电价格。

（3）林木培育和种植属于退耕还林、防沙治沙的认定，以县级及以上政府主管部门相关文件为依据。林木不包括生产农作物的树木，如苹果树、葡萄树、核桃树、枸杞树等，属于广义的农作物。

（4）多级扬水的扬程以工程项目立项批复文件、设计文件或竣工资料的扬程核定，若存在多项资料数据来源时优先级依次为竣工资料、设计文件、项目立项批复文件等。对于存在不同管理单位的，分别按照不同产权单位分别核定所属总扬程。对于无法提供扬程依据的，以水利部门认定材料为准。

（5）在产地及其附近收购和出售各种生产出来未经加工或为了销售在习惯上稍作初步加工的食品和原料的场所，称为"初级市场"。

（6）种子的生产加工属于国民经济行业分类中的农、林、牧、渔专业及辅助性活动——种子种苗培育活动，应执行农业生产电价。对于枸杞、葡萄等农产品的冻干、酿造、榨汁、成品包装等深加工用电，属于国民经济行业分类中的农副产品加工业，应执行工商业电价。

（7）农产品流通企业在农村建设的保鲜仓储设施用电实行农业生产用电价格，执行时间从 2020 年 1 月 2 日起。

依据：《关于进一步优化发展环境促进生鲜农产品流通的实施意见》（发改经贸〔2020〕809 号）。

（8）保鲜仓储设施用电价格执行清单制，按自治区相关主管部门和当地农业农村局印发的保鲜仓储用电企业名单，经现场核实确认后执行。在产品初加工生产环节或之前环节执行农业生产用电价格。

依据：《自治区发展改革委关于调整宁夏电网销售电价分类适用范围的通知》（宁发改价格〔2020〕781 号）；《关于农村保鲜仓储设施用电实行农业生产用电价格政策的通知》［宁发改价格（管理）〔2020〕452 号］。

4.3.3 工商业用电

工商业用电是指除执行居民生活和农业生产用电价格以外的用电。包括大工业用电和一般工商业用电（非居民照明用电、非普工业用电、商业用电）。

4.3.3.1 电价构成

工商业用电价格由上网电价、上网环节线损费用、输配电价、系统运行费用、政府性基金及附加等组成。具体如下：

（1）工商业用户用电价格构成中的"上网电价"，对直接交易用户是"市场交易电价"，对代理购电用户是"代理购电电价"。

（2）某用户某月上网环节线损费用折价＝某用户某月上网电价×线损率÷（1－线损率）。其中：

居民农业用户上网电价为电网企业统一采购用于居民农业用户的平均上网电价（线损电量由电网企业统一代理采购时，与采购的线损电量合并计算），电网企业代理购电用户上网电价为每月发布的代理购电用户平均上网电价（含代理购电历史偏差电费折价），直接进入市场用户上网电价为用户上网交易结算均价。

（3）输配电价按国家发改委核定的分电压等级、分用户类别输配电价标准执行，不随峰谷时段浮动。

（4）系统运行费用是指为整个电力系统服务、应当由全体用户的费用。包括辅助服务费用、抽水蓄能容量电费等。

$$月度辅助服务费用折价 = 需售电侧承担的辅助服务费用 \div 预测的次月全体$$
$$工商业用户售电量$$

$$月度抽水蓄能容量电费折价 = 国家核定的年度抽水蓄能容量电费金额 \div$$
$$12 \div 预测的次月全体工商业用户售电量$$

依据：《自治区发展改革委关于第三监管周期宁夏电网输配电价有关事项的通知》[宁发改价格（管理）〔2023〕314 号]、《国网宁夏电力公司关于报备输配电价相关执行方式的函》（宁电〔2023〕37 号）。

4.3.3.2 输配电价标准

表 4-4   宁夏电网输配电价表（自 2023 年 6 月 1 日起执行）

用电分类		电量电价（元/kWh）					容（需）量电价			
							需量电价［元/ （kW·月）］		容量电价［元/ （kVA·月）］	
		不满 1kV	1～10（20） kV	35kV	110kV	220kV 及以上	1～35 kV	110kV 及以 上	1～35 kV	110kV 及以 上
工商业 用电	单一制	0.1846	0.1646	0.1446						
	两部制		0.0920	0.0769	0.0600	0.0521	28.8	25.6	18.0	16

注　1. 表中各电价含增值税、区域电网容量费、对居民和农业用户的基期交叉补贴，不含政府性基金及附加、上网环节线损费用、抽水蓄能容量电费。

　　2. 各项政府性基金及附加征收标准：国家重大水利工程建设基金 0.1125 分；大中型水库移民后期扶持资金 0.12 分；可再生能源电价附加 1.9 分。

　　3. 原包含在输配电价内的上网环节线损费用在输配电价外单列，上网环节综合线损率为 2.59%。

　　4. 抽水蓄能容量电费在输配电价外单列，第三监管周期各年度容量电费分别为 0.03 亿元、0.53 亿元和 0.70 亿元（含税）。

　　5. 工商业用户执行上述输配电价表，居民生活、农业生产用电继续执行现行目录销售电价政策。

依据：《自治区发展改革委关于第三监管周期我区电网输配电价执行有关事项的通知》[宁发改价格（管理）〔2023〕314 号]、《自治区人民政府办公厅关于印发电力直接交易实施方案的通知》（宁政办发〔2016〕132 号）、《国家电网公司第三监管周期输配电价营销专业落地执行工作指引》。

4.3.3.3 电价分类

按电价执行方式分为单一制电价和两部制电价用户。

1. 两部制电价

（1）运行容量在 100～315kVA 的工商业用电，可选择执行单一制或两部制电价，选择变更周期为 3 个月，工商业用户需提前 15 个工作日向电网企业申请变更下一周期执行方式。

（2）运行容量在 315kVA 及以上的工商业用电，执行两部制电价，对于存量已执行单一制电价的用户，可选择执行单一制电价或两部制电价，在选择执行两部制电价后，不再执行单一制电价。自 2023 年 6 月 1 日起，申请办理过户、分户、并户等业务引起用电主体变更的，不视同存量用户，见表 4－5。

表 4－5　　　　　　　　两部制电价执行范围示意表

分类			单一制	两部制
100kVA 及以下			全部	
100～315kVA 之间			可选	可选
315kVA 及以上	2023 年 6 月 1 日前已有存量用户	大工业用电		全部
		单一制一般工商业用电	可选	可选
		两部制一般工商业用电		全部
	2023 年 6 月 1 日后增量用户	大工业用电		全部
		一般工商业用电		全部

依据：《自治区发展改革委关于第三监管周期我区电网输配电价执行有关事项的通知》［宁发改价格（管理）〔2023〕314 号］。

2. 电价构成

两部制电价由电度电价和基本电价构成。

（1）电度电价。

反映企业用电成本中的电能成本，以用户计费表所计电量为计费依据。

（2）基本电价。

反映企业用电成本中的容量成本，计算基本电费时，以用户设备容量（千伏安）或用户最大需量（千瓦）为计费依据。

3. 计收方式

用户可自愿选择按变压器容量、合同最大需量（合同约定值）、实际最大需量计收基本电费。

依据：《国家发展改革委关于降低一般工商业电价有关事项的通知》（发改

价格〔2018〕500 号）。

（1）按变压器容量计收。

按变压器容量计算基本电费的用户，其基本电费的计费容量按收电装置上直接连接的变压器容量及不通过变压器而直接接入电网的高压电动机的容量（千瓦视同千伏安）总和核定。

用户属于冷备用状态并经供电企业加封的，不计收基本电费；属热备用状态的或未经加封的，不论使用与否都计收基本电费。用户专门为调整用电功率因数的设备，如电容器、调相机等，不计收基本电费。

选择按变压器容量方式交纳基本电费的用户，如擅自超变压器容量用电的，依据《供用电合同》用电人违约责任收取违约使用电费。

（2）按需量计收。

选择执行需量电价计费方式的两部制用户，每月每千伏安用电量达到 260kWh 及以上的，当月需量电价按核定标准 90% 执行。每月每千伏安用电量为用户所属全部计量点当月总用电量除以合同变压器容量。

依据：《自治区发展改革委关于第三监管周期我区电网输配电价执行有关事项的通知》[宁发改价格（管理）〔2023〕314 号]。

Ⅰ. 按实际最大需量计收

按实际最大需量计收基本电费是以结算周期内电能表抄录的最大需量示值计算基本电费。最大需量是指在结算期内每 15 分钟用户用电的平均功率，保留其最大一次示值作为这一结算期的最大需量。

Ⅱ. 按合同最大需量计收

合同最大需量核定值变更周期为按月变更，用户可提前 5 个工作日向电网企业申请变更下一个月（抄表周期）的合同最大需量核定值。

按合同最大需量方式计收基本电费的用户，电力用户实际最大需量超过合同确定值 105% 时，超过 105% 部分的基本电费加一倍收取；未超过合同确定值 105% 的，按合同确定值收取；申请最大需量核定值低于变压器容量和高压电动机容量总和的 40% 时，按容量总和的 40% 核定合同最大需量。

依据：《国家发展改革委办公厅关于完善两部制电价用户基本电价执行方式的通知》（发改办价格〔2016〕1583 号）。

（3）变更周期。

按变压器容量、合同最大需量或实际最大需量计费，用户可提前 15 个工作日按季或三个自然月申请变更基本电价计费方式，次月生效，整月执行。

依据：《自治区物价局关于降低我区一般工商业用电价格有关事项的通知》（宁价商发〔2018〕10 号）。

4. 新装或变更用电基本电费收取规定

（1）基本电费以月计算，但新装、增容、变更与终止用电当月的基本电费，可按实际使用天数（日用电不足 24 小时的，按一天计算），每日按全月基本电费三十分之一计算。

（2）电力用户申请暂停时间每次应不少于十五日，每一日历年内累计不超过六个月，超过六个月的可由用户申请办理减容，减容期限不受时间限制。

（3）减容（暂停）设备自设备加封之日起，减容（暂停）部分免收基本电费。暂停时间少于十五天者，暂停期间基本电费照收。

（4）在减容（暂停）期限内要求恢复用电时，基本电费从启封之日起计收。

（5）减容（暂停）后容量达不到实施两部制电价规定容量标准的，应改为相应用电类别单一制电价计费，并执行相应的分类电价标准。减容（暂停）后执行最大需量计量方式的，合同最大需量按照减容（暂停）后总容量申报。

依据：《供电营业规则》《国家发展改革委办公厅关于完善两部制电价用户基本电价执行方式的通知》（发改办价格〔2016〕1583 号）。

5. 其他事项

（1）对特种有多档可调容量的变压器，按额定最大容量计收基本电费。

（2）变压器经过改造提高出力，用户应办理增容手续，按改变后的容量计算基本电费。

（3）两部制工商业用户存在居民农业用电且高压侧没有独立变压器或高压电机等受电设备的，不扣减基本电价计费容量（需量）。

（4）对向电网经营企业直接报装接电的经营性集中式充换电设施用电（营业执照经营范围包含充换电服务，在固定场所有偿为电动汽车提供充换电服务的设施），执行工商业用电两部制电价的，2025 年前暂免收基本电费。

（5）2025 年底前，电动汽车充换电设施、港口岸电、污水处理等用电，属于两部制电价执行范围的，暂免收基本电费。党政机关、企事业单位和社会公共停车场中设置的充电设施用电按主行业用电价格执行。

（6）公用发电企业（含全额上网的分布式光伏、分散式风电）启动调试、检修、停用等用电，可通过市场直接采购或由电网企业代理购电，执行两部制电量电价标准，不收取基本电费；"自发自用、余量上网"的分布式电源用户下网电量执行用户主行业电价。

（7）独立储能企业上网电量对应的充电电量不承担输配电价、上网环节线损、系统运行费、需全体工商业用户分摊或分享的损益、政府性基金及附加等。

（8）增量配电区域的集中式充换电站、污水处理等企业，符合政策规定减免基本电费条件的，增量配电网企业应予以减免。增量配电网企业取相关用电企业需量、容量基本电费两者最小值计算减免电费金额。电网企业与增量配电网企业现场确认后，在次月结算增量配电网企业电费时予以扣减。

（9）多路电源供电用户，因供电设施检修等供电企业原因造成电能表记录需量增大的，经用户和供电企业双方确认后，其需量增大部分予以扣减（具体可按各计量点 96 点分时段电量之和计算计费需量）。

（10）对执行两部制电价的大工业用户（含污水处理企业、经营性集中式充换电站等）其厂区内的照明、办公用电等工商业用电，与主行业用电价格合并执行，不再单独计费。

（11）执行两部制电价的大工业用户套扣其他电价类别用电（居民生活、农业生产），应分表计量，按对应电价计收电费。不具备分表计量时，按照定量或定比进行提取，对提取后的电量高峰、平段、低谷电量根据实际情况核定后在供用电合同中进行明确。

（12）按需量计收基本电费的工商业用户，每月每千伏安用电量计算不考虑有序用电、需求响应、检修停电、事故停电的影响。违约用电、窃电追补电量不参与当月每月每千伏安用电量计算、不还原以往年每月每千伏安用电量；因计量故障差错、抄表差错涉及电量退补的，退补电量不参与当月每月每千伏安用电量计算，还原至差错月并重新计算差错月月每千伏安用电量和需量电费。

（13）用户办理新装、增容、暂停、变更、销户等涉及电费分段计算的用电业务，每月每千伏安用电量按照基本电费分段原则进行分段计算，分别确定每段需量电价标准。不足整月的，每月每千伏安用电量按日均每千伏安用电量×30天折算。

（14）对于工商业内部存在执行居民、农业电价以及不执行需量电价等独立受电点的，计算"每月每千伏安用电量"时扣除相应的电量和容量。

6. 单一制电价

（1）除居民生活用电、农业生产用电、工商业用电两部制电价以外的用电。运行容量在 100kVA 及以下的工商业用电，执行单一制电价；100kVA～315kVA 之间的工商业用电，可选择执行单一制或两部制电价，选择变更周期为 3 个月，工商业用户需提前 15 个工作日向电网企业申请变更下一周期执行方式。

依据：《自治区发展改革委关于第三监管周期我区电网输配电价执行有关事项的通知》[宁发改价格（管理）〔2023〕314 号]。

（2）不满 1kV 的工商业用户执行单一制电价。

（3）居民农业用户存在套扣工商业用电的，则工商业用电执行单一制电价。

（4）新报装工业用户正式投产前，调试期用电执行工商业单一制电价。调试期一般不超过 6 个月，具体以双方约定为准。

7. 注意事项

（1）2023 年 6 月 1 日前执行单一制电价的用户，增容后容量达到 315kVA 的，可选择执行单一制或两部制电价，若选择两部制电价后不再变更。

（2）趸售电价按 0.35 元/kWh 执行。

依据：《关于调整向榆林地区供电价格的函》（宁价商函〔2014〕59 号）。

（3）分布式光伏、分散式风电电源自发自用电量不收取政策性交叉补贴。

（4）用户因电机等特殊负荷产生的上网电量不结算。

4.3.3.4　电网企业代理购电用户电价

1. 用户范围

电网企业代理购电用户指暂未直接从电力市场购电的工商业用户（含已直接参与市场交易又退出的工商业用户）。未在电力交易平台注册也未与公司签订代理购电合同的工商业用户，默认由公司代理购电。

2. 电价标准

月末 3 日前，可通过网上国网、国网宁夏电力公司微信公众号、供电营业厅获取次月代理购电用户价格标准。

3. 其他事项

已直接参与市场交易在无正当理由情况下改由电网企业代理购电的用户，拥有燃煤发电自备电厂、由电网企业代理购电的用户，暂未直接参与市场交易、由电网企业代理购电的高耗能用户，执行代理购电价格的 1.5 倍。

注：无正当理由退市的用户按电力交易中心确认退市的企业名单执行；拥有燃煤发电自备电厂用户按政府主管部门核准文件执行；高耗能用户按自治区发改委确定的行业范围或履行报备程序后企业名单执行。

依据：《国家发改委办公厅关于组织开展电网企业代理购电有关事项的通知》（发改价格〔2021〕809 号）、《自治区发展改革委关于印发〈宁夏回族自治区电网企业代理购电工作实施细则（试行）〉的通知》[宁发改价管理（成本）

〔2021〕334 号〕。

4.3.4 特殊用电价格

4.3.4.1 清洁供暖电价

1. 居民生活清洁供暖电价

（1）对区内不具备集中供暖条件，采用电锅炉、电地热、电热隔膜等方式取暖的"一户一表"居民用户，经用户申请和供电部门核实后，每年 11 月 1 日至次年 3 月 31 日采暖期间用电量全部执行居民阶梯一档电价（宁南山区可根据当地人民政府确定的供暖时间延长，最长不超过 15 天），非采暖期间恢复正常居民阶梯电价（按照年度非采暖期实际执行月份执行相应居民阶梯电价），见表 4-6。

表 4-6　　　　　　　　城乡居民一户一表清洁供暖用户电价

单位：kWh、元/kWh（含税）

日期	11.1 至次年 4.1 供暖期		4.1 至 11.1 非供暖期	
阶梯电价	阶梯值	阶梯电价	月阶梯值	阶梯电价
	0	0.4486	0～170（含 170）	0.4486
			171～260（含 260）	0.4986
			261 及以上	0.7486
	阶梯切换时间	次月	阶梯切换时间	4.1（固原 5.1）

（2）执行居民电价的非居民用户"煤改电"取暖电价。采用电锅炉、热泵等电辅助加热设备向居民（不含商业用户）提供供暖服务的用户，执行居民电价的非居民用户"煤改电"取暖电价政策。集中供暖服务对象中包括居民和商业用户的，需分表计量，按照政策规定执行不同的清洁供暖电价。

依据：《自治区发展改革委关于进一步完善我区清洁供暖用电价格政策的通知》（宁发改价格〔2018〕723 号）。

（3）农村地区以村或自然村为单位通过"煤改电"改造使用电采暖或热泵等电辅助加热取暖，属集中供热方式的，执行居民阶梯电价二档电价标准。

依据：《国网宁夏电力有限公司清洁供暖用电价格政策实施细则（试行）》。

2. 工商业清洁供暖电价

（1）对区内不具备集中供暖条件，采用电锅炉、热泵、电热隔膜、碳晶电暖气等方式取暖的工商业用户，经用户申请和供电企业认定后，每年 11 月 1 日至次年 3 月 31 日采暖期间（宁南山区可根据当地人民政府确定的供暖时间延长，最长不超过 15 天），延长谷段时间 2 小时，用电价格按照对应工商业电价标准执行。年内其他月份峰平谷时段划分执行现行政策，见表 4-7。

表 4-7　　　　　　　　工商业清洁供暖用户峰谷时段划分

日期	4.1 至 11.1 非供暖期	11.1 至次年 4.1 供暖期
时段	峰：7:00～9:00 17:00～23:00 平：00:00～7:00 23:00～00:00 谷：9:00～17:00	供暖期，执行清洁供暖电价工商业用电继续执行谷段延长 2 小时政策，延长 2 小时对应电量按照平段用电量 2/8 比例折算（直接进入市场的清洁供暖工商业用户峰平谷时段参照电网企业代理购电），并按谷段平均电价执行，谷段输配电价按 50% 执行

依据：《自治区发展改革委关于优化峰谷分时电价机制的通知》[宁发改价格（管理）〔2023〕7 号]。

（2）对于参与直接交易的采用地源热泵、电热隔膜、蓄热式电锅炉、碳晶电热、量子锅炉等电热方式供暖的工商业用户，输配电价的峰段、平段执行相应电压等级的输配电价标准，谷段输配电价按相应电压等级输配电价的50%执行。

依据：《自治区物价局关于我区清洁供暖用电价格有关问题的通知》（宁价商发〔2017〕35 号）；《国网宁夏电力有限公司清洁供暖用电价格政策实施细则（试行）》。

3. **注意事项**

（1）用户申请执行清洁供暖电价，经供电部门认定符合政策要求的，执行该政策，并现场更换远程费控电能表。供暖期前提交申请，在供暖期间执行清洁供暖电价。供暖期间提交申请，经现场核查，符合政策条件的核查通过后生效。

（2）用户申请执行清洁供暖电价，业务办理归档后立即生效，其中"一户一表"城乡居民用户申请当月阶梯电价按整月清算。

（3）对于固原地区选择执行峰谷分时电价与清洁供暖电价的"一户一表"居民远程费控用户，本年供暖期内 4 月之前申请的，4 月设置电能表峰谷时段，次年统一按半个月清算。

（4）对不具备集中供暖条件，采用空调、小太阳（热风电扇）等电器设备取暖的"一户一表"居民用户，按上述电价政策执行。

4.3.4.2 储能用电价格

（1）储能电站下网电量为储能电站充电电量，上网电量为储能电站放电电量，充电电量与放电电量差值作为储能电站损耗电量。

（2）现货市场运行前，储能电站下网电量、上网电量执行火电基准电价；现货市场运行后，储能电站上网电量、下网电量执行市场化电价。

（3）上网电量对应的充电电量不承担输配电价和政府性基金及附加。损耗电量承担对应电压等级工商业两部制输配电价（免收基本电费）和政府性基金及附加，输配电价不执行分时电价。损耗电量为负时，损耗电费按 0 结算。储能企业不执行功率因数调整电费。

注意：独立储能企业上网电量等量的充电电量不承担输配电价、上网环节线损、系统运行费、需全体工商业用户分摊或分享的损益、政府性基金及附加等。

4.3.4.3 非电网直供电价

1. 终端用户安装分时电表

非电网直供电电费按照用电类型严格执行宁夏电网峰谷分时电价和国网宁夏电力有限公司代理购电工商业用户电价表中对应电压等级电价。非电网直供电主体自用电费由自身承担；物业公共部位、共用设施和配套设施用电电费、运行维护费等通过物业费、租金或公共收益等途径解决。

2. 终端用户安装非分时电表

对不具备表计条件的终端用户，电费由终端用户公平分摊。分摊原则如下：非电网直供电电费＝基准电价×（1＋线损率）。

（1）基准价。

1）工商业及农业生产。基准价按上一年度非电网直供电主体向电网企业购电的平均电价确定，执行过程中，如遇国家和自治区调整电价标准，基准价作同幅度调整。国网宁夏电力有限公司负责测算基准价，经自治区发展改革委审核通过后向非电网直供电主体及用户公布，并在相关手机软件（"网上国网"App）及缴费通知单中注明当期的基准电价。

② 居民及农业排灌

基准电价分别按非电网直供电主体向电网企业购电对应电压等级的居民合表目录电价、农业排灌用电电价执行。

（2）线损率。

① 线损率公式

线损率＝1－（上一年度全部终端用户到户电量之和＋公共部位、共用设施设备用电量＋非电网直供电主体自用电量）/上一年度非电网直供电主体与电网企业结算电量（线损率最大不超过 10%）。

② 多级转供电

存在多级非电网直供电情况的，各级用户执行的线损率合计不得超过最大线损率。

3. 终端用户未安装电表

对未安装电表的终端用户，非电网直供电电费由终端用户公平分摊。

4. 终端用户安装预购卡表

采用"先购电、后用电"电费收取方式的，按上述类别预交电费，年底可根据当年电费实际收支情况进行清算，多退少补。对产权清晰，物权证明齐全的加快推进"一户一表"改造。

依据：《自治区发展改革委关于进一步规范非电网直供电价格行为的通知》［宁发改价格（管理）〔2021〕518 号］。

4.3.5　峰谷分时电价

4.3.5.1　执行范围

农业生产用电、电网企业代理购电（不含电气化铁路牵引用电）执行分时电价政策，居民生活用电（含居民合表用电、居民清洁供暖用电）选择执行分时电价政策。直接参与市场交易用户侧不再执行分时电价（不含清洁供暖用户）。

1. 不执行峰谷分时电价范围

（1）农业排灌、多级扬水用电；

（2）参与区内现货交易或上网侧分时段交易工商业用电。

依据：《自治区发展改革委关于优化峰谷分时电价机制的通知》［宁发改价格（管理）〔2023〕7 号］、《自治区发展改革委关于做好 2023 年电力中长期交易有关事项的通知》（宁发改运行〔2022〕 918 号）。

2. 自愿选择执行峰谷分时电价

（1）"一户一表"的城乡居民用户及执行居民电价的非居民用户均可自愿选择执行峰谷分时电价政策。执行时间以年为周期，原则上一年内不作调整。

（2）居民自建自用的电动汽车充换电设施用电。

4.3.5.2 执行时段

1. 工商业用电

峰段 7:00～9:00、17:00～23:00

平段 23:00～次日 7:00

谷段 9:00～17:00

其中：执行清洁供暖电价的工商业用户。

（1）非供暖期峰谷时段与工商业用电时段一致。

（2）供暖期，执行谷段延长 2 小时政策，延长 2 小时对应电量按照平段用电量 2/8 比例折算（直接进入市场的清洁供暖工商业用户峰平谷时段参照电网企业代理购电），并按谷段平均电价执行，谷段输配电价按 50%执行。

2. 居民生活用电

峰段 8:00～22:00

谷段 22:00～8:00

3. 农业生产用电

峰段 7:00～9:00,17:00～23:00

谷段 9:00～17:00

平段 23:00～24:00,0:00～7:00

依据：《自治区发展改革委关于优化峰谷分时电价机制的通知》[宁发改价格（管理）〔2023〕7 号]。

4.3.5.3 执行标准

1. 工商业用户

电网企业代理购电峰平谷电价，对应取电网企业代理购电当期月度峰、平、谷各时段交易加权价，输配电价、政府性基金及附加不随时段浮动，其中 10kV 以下电网企业代理购电用户电价按照《自治区发展改革委关于我区 2023 年度小微企业及个体工商户继续实行阶段性代理购电优惠政策的通知》（宁发改价格〔2022〕870 号）执行。

直接参与市场交易用户电价由分时段交易价格、输配电价、政府性基金及附加组成，输配电价、政府性基金及附加不随时段浮动。

2. 居民生活用户

居民生活用电峰段用电价格在对应用电价格标准基础上加价 0.05 元/kWh；谷段用电价格在对应用电价格基础上降低 0.2 元/kWh。

（1）"一户一表"居民生活用电。

峰段电价 0.4986 元/kWh

谷段电价 0.2486 元/kWh

（2）执行居民电价的非居民用户。

峰段电价 0.5486 元/kWh

谷段电价 0.2986 元/kWh

依据：《自治区物价局关于我区清洁供暖用电价格有关问题的通知》（宁价商发〔2017〕35 号）、《自治区发展改革委关于进一步完善峰谷分时电价机制的通知》[宁发改价格（管理）〔2021〕602 号]。

（3）农业生产用户。

农业生产用电继续执行原目录销售电价标准，见表 4-8。

表 4-8　　　　　　　　　农业生产用电电价表　　　　　单位：元/kVA

分类	电压等级	高峰	平段	低谷
农业生产用电	不满 1kV	0.7089	0.4730	0.2371
	1～10kV	0.6939	0.4630	0.2321
	35kV 及以上	0.6789	0.4530	0.2271

4.3.5.4　其他事项

（1）增量配电网企业未直接进入市场前，选择综合电价方式的，参照电网企业代理购电峰谷分时价格执行；对选择分类电价方式的，按照具体分类分别执行代理购电、居民农业峰谷分时电价。

（2）上网环节线损费用、系统运行费、居民农业损益等费用折价不执行分时电价。

（3）执行峰谷分时电价用户计量装置未安装在产权分界点处，应承担的线、变损电量和计量装置记录的有功总电量与峰谷平电量差值，在电费结算时计入平段电量。

4.3.6　功率因数调整电费

4.3.6.1　功率因数的标准值及其适用范围

（1）功率因数标准 0.90，适用于 160kVA 以上（不包含 160kVA）的高压供电工业用户（包括社队工业用户）、装有带负荷调整电压装置的高压供电电力用户和 3200kVA 及以上的高压供电电力排灌站。

（2）功率因数标准 0.85，适用于 100kVA（千瓦）及以上的其它工业用户（包括社队工业用户）、100kVA（千瓦）及以上的非工业用户和 100kVA（千瓦）及以上的电力排灌站。

（3）功率因数标准 0.80，适用于 100kVA（千瓦）及以上的农业用户和趸售用户，但大工业用户未划由电业直接管理的趸售用户功率因数标准为 0.85。

依据：《水利电力部、国家物价局关于颁发〈功率因数调整电费办法〉的通知》[（83）水电财字 215 号]。

4.3.6.2　政策说明

（1）"工业用户"（含其他工业用户）包括原工商业用电类别中的大工业用电及普通工业用电。运行容量 100kVA（千瓦）及以上的，执行 0.85 功率因数标准；160kVA 以上高压供电的，执行 0.90 功率因数标准。

（2）"非工业用户"包括原工商业用电类别中的非居民照明（含执行居民生活电价的非居民用户）、非工业、商业用电。运行容量 100kVA（千瓦）及以上的，执行 0.85 功率因数标准。

（3）"农业用户"包括农业生产用电（含农产品初加工等用电）、农业排灌用电、多级扬水用电。运行容量 100kVA（千瓦）及以上的农业生产用电，执行 0.80 功率因数标准；100kVA（千瓦）及以上的电力排灌站、多级扬水用电，执行 0.85 功率因数标准；3200kVA 及以上的高压供电电力排灌站、多级扬水用电，执行 0.90 功率因数标准。

（4）功率因数调整电费办法适用于工业用户、非工业用户、农业用户和趸售用户。此规定是对用户性质而言的，并非按电价分类划分。旅馆、饭店和机关等带空调设备的用电，虽然执行照明电价，但都属非工业用户。只要其变压器容量达到 100kVA（千瓦）及以上的，就应执行该办法。

依据：《能源部经济司关于功率因数执行范围问题的复函》（经价〔1990〕165 号）。

4.3.6.3 功率因数调整电费的计算

（1）用户电费中除随价征收的政府性基金及附加外，都参加功率因数调整电费计算，自备电厂系统备用费、电价交叉补贴不参与功率因数调整电费。

（2）同一用户执行不同电价类别，以受电点为单位，按总有功、无功计算功率因数后，分别以该受电点不同用电类别对应标准进行功率因数调整电费。同一受电点内的平行计量点功率因数合并考核。

（3）独立储能企业、公用发电企业（含全额上网的分布式光伏、分散式风电）上网（反向）无功电量不参与用网电费功率因数调整电费计算。

（4）装有自发自用分布式电源、分散式风电、储能装置、燃煤及"三余"自备机组等发电设备可能向电网倒送无功的用电户，按倒送的无功电量与实用无功电量两者的绝对值之和，计算月均功率因数，功率因数标准按用户主行业用电类别确定。

（5）市场化用户为负电费时，不执行功率因数调整电费。

（6）城乡居民生活用电电量电费均不参与功率因数调整电费。工商业用电用户总表内的城乡居民生活用电，其有功、无功电量、电费均不参加功率因数调整电费计算。

（7）执行居民电价的非居民用户执行功率因数调整电费。

（8）用户办理新装、增容、暂停、变更、销户等涉及电费分段计算的用电业务，功率因数调整电费按照变更前后实际用电类别和用电容量对应标准分别计算。

（9）存在转供关系的用户，转供户和被转供户实际功率因数按总有功、无功计算，分别对应各自的功率因数考核标准执行。

4.3.6.4 其他事项

（1）低压用户合同容量达到 100kW 及以上的，执行对应用电类别的功率因数标准。装有带负荷调整电压装置的高压供电电力用户，统一执行 0.90 功率因数标准。

（2）存量大工业用户保安电源视为非工业用电，运行容量达到 100kVA 及以上的，执行 0.85 的功率因数考核标准。

4.3.7 高可靠性供电费

新装及增加用电容量的用户，在供电方案批复后，其两条及以上供电回路并列连接及运行，或虽分列运行，但一经切换即可通过高、低压侧连接供电的同一负荷，除供电容量最大的一路供电回路外，对其余供电回路按照合同约定的供电容量收取高可靠性供电费用。

依据：《自治区发展改革委关于进一步降低高可靠性供电费标准的通知》[宁发改价格（管理）〔2023〕313 号]。

4.3.7.1 收取范围

（1）对于无高压、低压及末端联络的双（多）回路供电用户、增量配电网企业和发电企业（不含发电企业从事与发电无关的其他用电行为）用电，不收取高可靠性供电费用。

依据：《自治区发展改革委关于进一步降低高可靠性供电费标准的通知》[宁发改价格（管理）〔2023〕313 号]。

（2）自 2017 年 6 月 1 日起批复的电气化铁路牵引用电项目，视同正常用电用户，按规定收取高可靠性供电费。

依据：《国家发展改革委办公厅关于明确铁路电价有关政策的复函》（发改办价格〔2017〕1717 号）。

（3）发电企业网购电量用于经营活动的，视为电力用户，符合高可靠性供电费收取范围的，需缴纳高可靠性供电费。供电公司在签订《供用电合同》时应予以明确。

依据：《自治区发改委关于中机国能宁东热电有限公司高可靠性供电费用相关情况的函》。

4.3.7.2 收取标准

（1）分为电网公司投资建设、用户自建本级电压外部供电工程两类，不同投资主体执行不同收费标准。

电网投资建设的外部供电工程是指为满足新装增容用户用电需求，由电网专门为该用户投资至用户红线的业扩配套供电工程。

（2）根据目前区内用户外部工程的建设情况，对于国网宁夏电力有限公司投资实施业扩配套电网工程的，按照非自建本级电压外部供电工程收费标准收取。其他用户按照自建本级电压外部供电工程收费标准执行。

（3）为用户提供两路及以上多回路供电的电源，公网线路采用架空方式的，按照架空收费标准收取；采用电缆方式的，按照架空收费标准的 1.2 倍收取；对于采用架空与电缆混合方式的，架空线路长的，按照架空收费标准收取，电缆线路长的，按照架空收费标准的 1.2 倍收取。从公网变电站直接接入用户建设的外部工程线路，按照架空收费标准收取。

（4）对于在建居民住宅小区（含公寓、商贸综合体），如项目业主单位同意在小区供配电设施建设完成后，将小区供配电设施无偿移交给国网宁夏电力有限公司，免收其高可靠性供电费用。

（5）对于新装及增容的用电用户，以用户受电工程送电日期为准，2023 年 6 月 1 日以前送电的，高可靠性供电费执行《自治区发展改革委关于进一步完善我区高可靠性供电费政策有关事宜的通知》（宁发改价格〔2019〕122 号）收费标准；2023 年 6 月 1 日及以后送电的，已按（宁发改价格〔2019〕122 号）文件规定收取的高可靠性供电费，2023 年 8 月 30 日前完成差额费用的清退。如果用户用电设备分期投运，以当期送电日期为准核定，见表 4-9。

表 4-9　宁夏高可靠性供电费收费标准（自 2023 年 6 月 1 日起执行）

用户受电电压等级 （千伏）	高可靠性供电费标准 （元/千伏安）	自建本级电压外部供电工程收费标准 （元/千伏安）
0.38/0.22	130	100
10	105	75
35	80	35
110 及以上	40	25

注　地下电缆按架空线路费用 1.2 倍计收。

依据：《自治区发展改革委关于进一步降低高可靠性供电费标准的通知》[宁发改价格（管理）〔2023〕313 号]。

4.4　线　损　管　理

4.4.1　线损基本概念

线损是电能在传输过程中所产生的有功电能损失、无功电能损失、电压损失的简称，通常表现为有功电能损失。线损由固定损耗和可变损耗组成，前者与电压有关，后者与电流有关。按线损的性质分类，线损可分为技术线损和管理线损。

线损由以下几部分构成：升压、降压变压器的铁芯损耗和绕组损耗；架空线路和电缆线路的电阻损耗；高压线路上的电晕损耗；线路上电抗器的损耗；绝缘子表面泄漏、电缆介质损耗；互感器、保护装置、计量仪表、二次回路损耗；补偿装置、调相装置损耗；接户线电阻损耗；其他不明损耗。

在配电网实际运行中，有诸多因素将会影响线损。在架空线路方面：

1）线路布局不合理，近电远供，迂回供电；

2）导线截面小，长期过负荷运行或在非经济状态下运行；

3）线路轻负荷运行，线路电流小，线路固有损耗所占比例大；

4）接户线过长、过细，年久失修、破损严重；

5）瓷横担、绝缘子表面严重积灰、油泥、污染物等物，在雾天和小雨天气，表面泄漏电流增加；

6）零值、低值、破损绝缘子穿弧漏电；

7）线路接头接触电阻大，接触处发热损耗增加；

8）导线对树枝碰线引起漏电；

9）雾天，大风碰线，引起漏电流增加；

10）低压线路三相负荷不平衡，损耗相应增加；

11）低压线路过长，末端电压过低，损耗相应增加。

在用电方面：

1）用电设备和变压器负载不配套，"大马拉小车"或"小马拉大车"，引起损耗增大；

2）客户的无功补偿不合理，不按照经济功率因数进行补偿；

3）电能表未按规定检定周期进行检定；

4）计量互感器不符合规定要求，接线错误，引起少计电量；

5）计量设备容量大，用电负荷小，长期空载计量；

6）计量设备安装不符合规定，疏忽计量设备运行管理；

7）无表及违章用电，抄表日期不固定，存在不抄、估抄、漏抄表等现象；

8）人为引起的漏电。

在运行管理方面：

1）检修安排不合理，造成运行线路和变压器超负荷运行；

2）未坚持计划检修，未进行定期清扫，造成泄漏增加；

3）未进行负荷和电压实测工作，未经常平衡低压三相负荷。

4.4.2　降损措施

（1）调整完善电网结构。

1）做好电网中、长期规划和近期实施计划，抓住农网改造机遇，加强电网电源点的建设，提升电压等级，降低网络损耗。

2）准确预测用电负荷，科学选择变压器容量和确定变压器的布点，缩短低压线路供电半径，保证电压质量，减少线损。

3）合理规划和设计 10kV 和低压线路，改造卡脖子线路和迂回线路。

4）淘汰、更换高能耗变压器为 S9 及以上的节能型变压器。

5）淘汰更换技术等级低的计量装置。

6）根据电网中无功负荷及分布情况，合理选择无功补偿设备和确定补偿容量，降低电网损耗。

7）逐步提高线路绝缘化水平，减少泄漏损耗。

8）三相负荷平衡。一般要求配电变压器低压出口电流的不平衡度不超过10%，低压干线及主干支线始端的电流不平衡度不超过 20%。

（2）提高功率因数。

通过随机补偿、随器补偿、线路集中补偿、变电所集中补偿等各种方式并联补偿电容，为系统提供容性无功功率，提高功率因数。

（3）提高管理水平。

通过建立组织管理体系、指标管理体系，加强线损分析、设备运维管理和营销管理，降低技术线损和管理线损。

4.5　用　电　检　查

4.5.1　用电检查工作程序

用电检查是指电力企业为保障正常供用电秩序和公共安全而从事的检查、监督，指导、帮助用户进行安全、经济、合理用电的行为。

用电检查工作需严格履行检查程序，具体如下：

供电企业用电检查人员实施现场检查时，用电检查员的人数不得少于两人。

执行用电检查任务前，用电检查人员应按规定填写《用电检查工作单》，经审核批准后，方能赴用户执行查电任务。查电工作终结后，用电检查人员应将《用电检查工作单》交回存档。《用电检查工作单》内容应包括：用户单位名称、用电检查人员姓名、检查项目及内容、检查日期、检查结果，以及用户代表签字等栏目。

用电检查人员在执行查电任务时，应向被检查的用户出示《用电检查证》，用户不得拒绝检查，并应派员随同配合检查。

经现场检查确认用户的设备状况、电工作业行为、运行管理等方面有不符合安全规定的，或者在电力使用上有明显违反国家有关规定的，用电检查人员应开具《用电检查结果通知书》或《违章用电、窃电通知书》一式两份，一份送达用户并由用户代表签收，一份存档备查。

现场检查确认有危害供用电安全或扰乱供用电秩序行为的，用电检查人员应按下列规定，在现场予以制止。拒绝接受供电企业按规定处理的，可按国家规定的程序停止供电，并请求电力管理部门依法处理，或向司法机关起诉，依法追究其法律责任。

（1）在电价低的供电线路上，擅自接用电价高的用电设备或擅自改变用电类别用电的，应责成用户拆除擅自接用的用电设备或改正其用电类别，停止侵害，并按规定追收其差额电费和加收电费；

（2）擅自超过注册或合同约定的容量用电的，应责成用户拆除或封存私增电力设备，停止侵害，并按规定追收基本电费和加收电费；

（3）超过计划分配的电力、电量指标用电的，应责成其停止超用，按国家有关规定限制其所有电力并扣还其超用电量或按规定加收电费；

（4）擅自使用已在供电企业办理暂停使用手续的电力设备或启用已被供电企业封存的电力设备的，应再次封存该电力设备，制止其使用，并按规定追收基本电费和加收电费；

（5）擅自迁移、更动或操作供用电企业用电计量装置、电力负荷控制装置、供电设施以及合同（协议）约定由供电企业调度范围的用户受电设备的，应责成其改正，并按规定加收电费；

（6）未经供电企业许可，擅自引入（或供出）电源或者将自备电源擅自并网的，应责成用户当即拆除接线，停止侵害，并按规定加收电费。

现场检查确认有窃电行为的，用电检查人员应当场予以中止供电，制止其侵害，并按规定追补电费和加收电费。拒绝接受处理的，应报请电力管理部门依法给予行政处罚；情节严重，违反治安管理处罚规定的，由公安机关依法予以治安处罚；构成犯罪的，由司法机关依法追究刑事责任。

用电检查工作需严格遵守检查纪律，具体如下：

用电检查人员应认真履行用电检查职责，赴用户执行用电检查任务时，应随身携带《用电检查证》，并按《用电检查工作单》规定项目和内容进行检查。

用电检查人员在执行用电检查任务时，应遵守用户的保卫保密规定，不得在检查现场替代用户进行电工作业。

　　用电检查人员必须遵纪守法，依法检查，廉洁奉公，不徇私舞弊，不以电谋私。违反本条规定者，依据有关规定给予经济的、行政的处分；构成犯罪的，依法追究其刑事责任。

4.5.2　违约用电

　　危害供用电安全、扰乱正常供用电秩序的行为，属于违约用电行为。供电企业对查获的违约用电行为应及时予以制止。有下列违约用电行为者，应承担其相应的违约责任：

　　（1）在电价低的供电线路上，擅自接用电价高的用电设备或私自改变用电类别的，应按实际使用日期补交其差额电费，并承担两倍差额电费的违约使用电费。使用起讫日期难以确的，实际使用时间按三个月计算。

　　（2）私自超过合同约定的容量用电的，除应拆除私增容设备外，是属于两部制的用户，应补交私增设备容量使用月数的基本电费，并承担 3 倍私增容量基本电费的违约使用电费；其他用户应承担私增容量每千瓦（千伏安）50 元的违约使用电费。如用户要求继续使用者，按新装增容办理手续。

　　（3）擅自超过计划分配的用电指标的，应承担高峰超用电力每次每千瓦 1 元和超用电量与现行电价电费 5 倍的违约使用电费。

　　（4）擅白使用己在供电企业办理暂停手续的电力设备或启用供电封存的电力设备的，应停用违约使用设备。属于两部制电价的用户，应补交擅自使用或启用封存设备容量和使用月数的基本电费，并承担两倍补交基本电费的违约使用电费；其他用户应承担擅自使用或启用封存设备容量每次每千瓦（千伏安）30 元,的违约使用电费。启用属于私增容被封存的设备的，违约使用者还应承担本条第 2 项规定的违约责任。

　　（5）私自迁移、更动和擅自操作供电企业的用电计量装置、电力负荷管理装置、供电设施以及约定由供电企业调度的用户受电设备者，属于居民用户的，应承担每次 500 元的违约使用电费；属于其他用户的，应承担每次 5000 元的违约使用电费。

　　（6）未经供电企业同意，擅自引入（供出）电源或将备用电源和其他电源私自并网的，除当即拆除接线外，应承担其引入（供出）或并网电源容量每千瓦（千伏安）500 元的违约使用电费。

4.5.3 窃电的查处

4.5.3.1 何为窃电行为

窃电行为包括：

（1）在供电企业的供电设施上，擅自接线用电；

（2）绕越供电企业用电计量装置用电；

（3）伪造或者开启供电企业加封的用电计量装置封印用电；

（4）故意损坏供电企业用电计量装置；

（5）故意使供电企业用电计量装置不准或失效。

4.5.3.2 对查获窃电案件的处理

（1）对查获窃电的一般性案件，按规定进行追补电量、电费和收取 3 倍的违约使用电费处理为主；

（2）对窃电数额巨大，性质恶劣，情节严重的窃电案件，可向公安机关报案，追究其刑事责任；

（3）追究其刑事责任的窃电案件，在窃电电量及窃电金额计算后，应交上级部门对计算方法和结果进行鉴定，方可提交司法部门；

（4）对窃电案件的处理需经本单位领导审批后，方可执行。

4.5.3.3 窃电金额计算

（1）《供电营业规则》中对窃电量计算的规定。

《供电营业规则》第一百零三条窃电量按下列方法确定：

1）在供电企业的供电设施上，擅自接线用电的，所窃电量按私接设备容量（千伏安视同千瓦）乘以实际使用时间计算确定；

2）以其他行为窃电的，所窃电量按计费电能表标定电流值（对装有限流器的，按限流器整定电流值）所指的容量（千伏安视同千瓦）乘以实际窃用的时间计算确定。窃电时间无查明时，窃电日数至少以一百八十天计算，每日窃电时间：电力用户按 12 小时计算；照明用户按 6 小时计算。

（2）窃电量及窃电金额的计算方法。

对窃电量的计算，应本着实事求是、公平公正的原则进行计算；特别是需追究刑事责任的窃电案件，在计算窃电量时，宜按就低不就高的计算原则进行计算。

（3）窃电金额计算。

1）采用单耗计算：

窃电量 = 实测单耗（或选取同类型单位正常用电的产品单耗）× 窃电期间的产品产量 + 其他辅助电量 − 已抄见电量；

2）在总表上窃电的：

窃电量 = 分表电量总和 − 已抄见电量；

3）在总表上窃电，但分表装接不全的：

窃电量 = 分表电量总和 + 未装表户的用电量 − 总表已抄见电量；

未装表户的用电量 = 未装表户的用电功率 × 每天利用小时 × 使用天数；

4）分表也窃电的：

窃电量 = 正常用电后的日均电量 × 窃电天数 − 总表已抄见电量；

（也可参照下一种方法计算）

① 有关计算数据难以确定的：

窃电量 = 历史上正常的同比用电量 × k − 已抄见电量（k 为用电增长系数）；

② 致使计量失准的：

窃电量 = 抄见电量 × （G − 1）；其中，G 为更正系数；

③ 执行峰谷电价的，窃电量按峰谷比分开计算；

④ 窃电金额 = 窃电量 × （窃电时电力销售价格 + 国家、省物价部门规定按电量收取的其他合法费用）。

4.5.3.4　常见窃电方法浅析

窃电多从计量装置入手，改变电压、电流、功率因数三要素中的任何一个都可以使电能表慢转、停转甚至反转。

（1）改动、短路计量装置的电流线圈。通常是在电能表内部或外部用导线将电流线圈短接，较常见的做法是用导线或并接电阻插入电能表的相线输入端和输出端，起到分流作用。用导线短接，而导线电阻几乎等于零，绝大部分电流将从短接导线通过，电能表的电流线圈几乎没有电流，致使电能表停转；若并接小于电流线圈电阻值的电阻时，电流线圈跟并接电阻形成并联电路，根据并联电路的分流原理，大部分电流将从并接电阻通过，电流线圈只有小电流通过，致使电能表按一定比例慢转，从而达到窃电目的。此种窃电方式称之为欠流法窃电。

（2）断开电压联片或在电压线圈上串联分压电阻。断开电压线圈就是使电压线圈失压导致电表不转。常见方法是把电能表的电压联接片松开，新型普通电表已在电表内部短接联片。另外，开启电表外盖一侧，用一电阻串接在电压线圈上，所串接电阻用绝缘胶布或绝缘套管套住（具有隐蔽性），其原理是起到分压作用，把一部分电压分担到电阻两端，使电压线圈两端电压减小，达到少计电量的目的。此类方式亦称之为欠压法窃电。这些方法须开表封，易被发现，属较低级的窃电方法。

（3）调接零火线窃电。窃电者是事先将电能表进线端的火、中性线调接，根据电能表的内部电路结构，接中性线端的输入跟输出是用联片短接的，因此，窃电户可利用自设（或另接）的中性线用电，而电能表因没有反方向的电流回路通过电能表的电流线圈，导致电表停转。这种窃电方法必须在室内装设倒闸控制开关，使经过电能表的中性线和自设地线（或另接中性线）能自由的控制。但自设地线会给用户的安全用电带来严重威胁。

（4）断零窃电。这种窃电方法事先必须将电能表进线端的中性线断开并将其隐蔽。跟调接法窃电相似，都需要另接或自设地线，并在室内安装倒闸开关。在断开电表输入中性线后，电流线圈仍可通过电流，而电压线圈会失去电压，这时，窃电户用电，电表是不会计量的。当窃电户想电表转动计量时，可从电表中性线输出端反接零电位（即另接中性线或自设地线），电压线圈获得电压，电表转动。还有在反接零电位的导线上串接电阻，跟欠压法相似，起到少计电量作用。此类方式亦称之为断零法。

（5）10kV 计量箱与电表箱采用电缆线连接，窃电者把电流线电缆用短路环将其短路，然后再用同色胶布包好。此窃电方法虽是简单，但因其手法隐蔽，而往往更难以查觉。

（6）绕越计量装置窃电。绕越计量装置窃电主要体现在私接公线，这种窃电方法最大的特点是容易操作并且较易破坏窃电现场，当窃电户得知有查电时，就及时将窃电电线用力扯开，让查电人员无从取证。由于窃电户私接导线的接触电阻都较高，再加上裸露或绝缘胶布封闭不紧与空气发生氧化反应，进一步增大接触电阻，在电流的热效应下会发生跳火断股甚至断线。此类窃电方式会给电力线路的安全运行带来严重威胁。

4.5.3.5　专项反窃电检查中应特别注意的事项

（1）在检查窃电前，应对被查用户生产经营状况，负荷及用电量情况，电工素质等情况做到心中有数，如遇到用电量突降，则更应仔细检查核对，决不能放过任何蛛丝马迹。当要对可疑用户进行检查时，必须尽快到达电能计量装置安装处，突击检查，防止其破坏窃电现场。

（2）注意检查计量设备的配置是否与用户的实际负荷相符，如发现不符应及时更换。例如，当电流互感器的一次电流在额定电流的 20%～120%之间，其励磁电流所占比重较小，计量较精确。当电流互感器在额定电流的 120%以上工作时，由于铁芯饱和，励磁电流较大，产生严重的负误差，少计很多电量。当电流互感器在额定电流的 20%以下工作时，产生"大马拉小车"现象，低于 5%时出现较大的负误差。

（3）检查时必须认真检查核对计量装置的封印是否完好，计量设备接线是否正确，运行状况是否与实际相符，有无过热，接触不良等，要特别注意细节的检查。

（4）用电检查人员前往现场检查时要有耐心。在进行用电检查时由于要有用电方的有关人员在现场，特别是专用变用户，在其负责人不在的情况下不能随意停电进行检查以免影响生产。当有些窃电者在得知去查电时事先回避了，而这时需要耐心等待；如果离开现场，窃电者就会乘机破坏窃电现场，等再回去检查时，已得不到窃电证据。

（5）注意用电检查程序，并要做好各个环节的取证工作。

4.5.3.6　检查窃电基本方法

（1）检查计量柜、接线盒、电能表的封印是否完好及真伪。

（2）检查表具的外表是否完好无损及有无异常。

（3）检查电流互感接线是否正确，二次接线端子螺丝有无松动，有无多点接地现象。电压互感器熔丝有无熔断和接触不良现象。特别要注意检查互感器极性。

（4）检查互感器、接线盒与电能表间所有的连接导线，接线是否可靠。有无短接线，电压挂钩是否松动。

（5）检查有没有在计量装置前接线用电。

（6）检测电流互感器变化是否与资料台账记录一致。

（7）用秒表法测算电能表所示用电功率与实际用电功率进行比较。

（8）仪器法检查电能表接线的正确性。

4.6 优 质 服 务

建设卓越供电服务体系，打造世界一流的供电服务水平，聚焦服务党和国家工作大局、服务经济社会高质量发展、服务人民美好生活需要、服务能源绿色转型，扎实践行人民电业为人民的企业宗旨，秉持"你用电、我用心"服务理念，着力提升供电服务保障能力、响应速度、便捷程度和价值创造性，努力打造"办电更加便捷高效、用电更加安全可靠、用能更加绿色经济、服务更加优质均等"的卓越品质，切实增加民生福祉。

（1）持续提升低压办电便利度。优化"网上国网"线上办电功能。完善业扩电子档案生成、流转、存档、查阅等系统功能，提升电子签名、电子签章应用的便利度和友好性，实现低压业务全环节线上办、掌上办。拓展线上服务入口。在政务服务平台、政务自助终端等第三方渠道拓展办电入口，同步完善居民"刷脸办电"、企业"一证办电"等功能，提升第三方渠道办电体验。延伸线下服务触角。推动供电服务窗口进驻市、县（区）行政服务中心、便民服务中心等各级政务中心，探索与公共服务单位建设综合服务窗口，共享服务资源，提升低压业务办理便利度。持续升级营业厅服务功能，提升客户临柜办电感受。

（2）持续提升低压办电效率。持续推动简化行政审批程序。促请地方政府进一步修改完善政策文件，放宽或取消前置条件，积极协助配合政策实施，实现低压小微企业电力接入工程免审批或备案制政策全覆盖、全落地，切实压减行政审批时长。提升配套电网工程建设效率。深化以"灵活性、及时性"为导向的低压配套电网工程实施机制，制定低压配套电网工程标准化物料、典型设计、标准工期、标准化工艺，创新物料采购配送方式，以"抢修领料"方式开展低压配套电网工程建设。

（3）构建超前主动的业扩报装服务模式。优化电网规划原则。综合考虑城市发展、道路规划等因素，提前预留电源点及路径通道，引导地方政府适度超前建设土建基础设施、综合管廊。超前对接项目需求。贯通地方政府工程项目建设审批平台等政务系统，获取土地出让、项目备案信息，超前对接用电需求，及时提供报装咨询服务。推行供电方案编制专业化。由设备、发展专业分别编制 10kV、35kV 及以上接入方案，营销专业统一答复客户，提升方案编制效率。深化政企协同联动。建立政企联席会商机制，高效协同办理资金拨付、涉电审批等事项。开展契约签订，与政府明确投资范围、工程周期和建设标准，与客户约定报装容量、内部受电工程建设时长、投产后负荷水平，实现各方权责对等。加强重大项目业扩报装管理。国网客服中心配合建立 35kV 及以上重大业扩项目台账，进行重点督办，各省公司落实管理主体责任，实行重大项目"项目长"负责制，确保项目早开工、早建成、早投产。加强制度规范保障。修订《供电方案编制导则》《业扩报装服务规范》等制度文件，完善管理制度体系。

（4）做好分布式光伏并网服务。加快接网工程实施，保障分布式光伏发电项目"应接尽接、能并尽并"。主动服务整县光伏试点，提供批量报装、批量结算等服务。推动政府发布分布式光伏可接入容量和受限区域，引导有序报装。做好新型用能场景报装服务。依托省级智慧能源服务平台，深入挖掘农光互补、渔光互补、智慧农业等新型用能场景及服务需求，提供多元化、个性化报装服务。做好新能源汽车下乡、制冷、供热、餐饮等电气化报装服务，服务乡村美好生活用能需要。

（5）持续改善配网接入能力。严格执行"零投资"政策。保障低压配套工程投资，严格落实出资界面要求，实施先接入后改造，全力满足低压客户接入需求。加强配电网规划建设。有效衔接配电网建设，及时解决配电变压器重过载问题，在设备用地紧张、线路走廊缺乏地区，合理配置大容量的柱上变或箱式变压器，增强配网接入能力。建立健全监管备案和引导机制。推动建立特殊边远地区"三零"服务不到位问题的监管备案机制，争取政府支持推广共享用电，加强"三零"政策宣传，引导客户合理确定报装容量。

（6）全力争取延伸投资配套政策落地。争取延伸投资实施细则精准出台。始终坚持地方政府承担土建工程费用、电网企业承担电气工程费用作为政策底线，最大限度争取地方政府出台实施细则。争取工程实施相关支持政策。加强政企协同，健全路由协调、行政审批等保障机制，推动管沟廊道共建共享，助力工程实施提速。促请地方政府制定用电负荷接入报装指引，有效避免超出合理需求的过度报装行为。

（7）构建快速高效的工程项目管理模式。推动 10kV 配套电网工程建设提速。全面推广 10kV 配套电网工程典型设计，实现可研、初设一体化，有效提高工程设计效率。建立灵活的项目立项机制，电网投资项目包全部匹配完毕后进行打捆批复，全面提升立项效率；政府委托电网建设项目单独按区域建立项目包后进行匹配。全面推行基于典型设计的 10kV 业扩配套工程标准物料，应用协议库存、框架协议等多种采购方式，完善实物储备、动态补库、跨区域调拨等机制，确保物资不间断供应。持续简化 35kV 及以上工程项目流程。35kV 及以上用户接入系统设计、可研等前期服务类招标采用年度框架方式，有效压减项目前期时长，研究适当增加物资招标批次或调整招标方式，探索"政府先建、电网回购"方式可行性，进一步提高工程建设效率。强化工程项目专业化管理。结合延伸投资后负荷接入工程建设新要求，各单位积极推动市县公司完善项目管理机构设置，加强人员配置，实现工程项目管理高效顺畅。提升验收接电工作效率。建立客户受电工程标准化竣工检验作业卡，明确竣工检验相关事项和标准；结合"云检验"等手段提升验收一次通过率；全面深化不停电作业应用，提升业扩接入不停电作业率。

4.7 营 销 2.0 系 统

近年来，我国加快新型基础设施建设，积极推进产业数字化，引导数字经济和实体经济深度融合，支撑传统产业向网络化、数字化、智能化方向转型升级。国网公司提出了建设具有中国特色国际领先的能源互联网企业战略目标，要求深度应用"大云物移智链"等现代信息技术，推动公司数字化、智能化转型。

营销专业作为服务电力客户和竞争传统供电与新型能源市场的主要力量，担负艰巨的服务和发展任务，现有系统面临满足营销服务发展需要与系统转型升级的双层压力，难以有效支撑新形势营销业务的快速发展。在营销信息化进程中，国网宁夏电力认真贯彻落实国网公司信息化规划战略部署，通过多年持续不断努力，逐步构建以营销业务应用系统为基础，营销远程费控业务应用系统、营销电子档案管理系统、一体化交费接入平台等系统为支撑的营销 1.0 系统，在服务客户、开拓市场、提升管理等方面发挥了重要作用，取得了显著成效，有力支撑了公司营销业务管理提升和创新发展。随着业务快速发展，公司面临客户服务诉求日渐个性化、多元化，电力市场改革深化推进，能源服务市场快速发展等形势变化，对营销系统的多元服务能力、市场营销能力、平台支撑能力等方面提出了新的要求。

2020 年 2 月，国网公司下发《国家电网有限公司印发公司 2020 年重点工作任务的通知》（国家电网办〔2020〕74 号）将加快推进营销2.0 试点建设列为重点工作。国网营销部、互联网部基于公司企业级业务中台、数据中台和智慧物联体系，广泛应用"大云物移智链"等信息技术，组织开展营销 2.0 建设。2022 年 2 月，国网公司下发了国家电网有限公司关于印发能源互联网营销服务系统 2022 年推广建设工作安排的通知》（国网营销〔2022〕140 号），进一步明确了目标和责任，要求各网省加快营销 2.0 系统推广建设工作。

国网宁夏电力按照营销 2.0 建设工作部署，融合先进企业理念模型，采用"大云物移智链"新技术重构营销信息化架构体系，实现公司营销 2.0 业务功能全覆盖、模型稳定可扩展、系统灵活可编排、数据共享融通，积极助力国网公司战略目标落地。

4.7.1　业务架构

营销 2.0 顶层业务域的划分围绕营销业务商业化运作机理框架的五个核心要素：客户、营销、服务、交付、管理。同时，遵循前台服务和后台业务分离的理念，所有业务域可划分为面向客户服务与面向内部运营两大类，前端开展营销与服务，后台开展作业与支持；根据各个业务板块之间的关联关系和业务交互，除了客户域、管理域两个综合性为全域共享的业务之外，还存在营销、服务和作业三条主线，体现了业务蓝图的核心业务逻辑。最终形成营销 2.0 业务域全景图，见图 4-6。

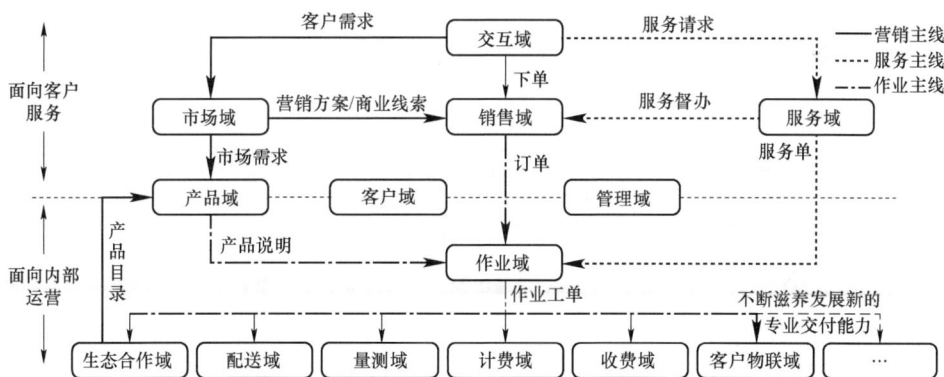

图 4-6　营销 2.0 业务域全景图

为了进一步明晰业务域内涵、边界及业务构成，对每个域开展二级的研究分解，剖析关联关系以此验证业务域的合理性，以新蓝图 14 个业务域为输入，结合营销 1.0 业务模型和前期业务模型成果，对标行业标杆 SAP 三级业务蓝图和埃森哲（中国）前期业务蓝图，参考移动、联通等公司解决方案，并根据国网未来拓展业务愿景进行补充完善，基于"客户为中心、市场为导向、服务为根本、运营为支撑"的业务发展指导思想，综合分析"客户（6To）""营销（市场、产品、销售）""服务（跟踪、监督、评价）""交付（向客户传递价值）""管理（决策、管控、支撑）"五大商业要素，按照业务彼此相对独立原则，界定各个域的边界、内涵和业务内容，形成蓝图的业务类划分，共 62 个业务类，并形成营销 2.0 业务架构，见图 4-7。

图 4-7 营销 2.0 业务架构

4.7.2 应用架构

按照"业务架构是战略，应用架构是战术"的原则，依托营销 2.0 业务分析，将系统用户分为个人客户、企业客户、政府客户、生态伙伴、业务人员、管理人员 6 大类角色，同时根据核心用例驱动设计与模块分类汇聚组合的设计思想，将项目所涉及的产品进行功能划分，共同组成营销 2.0 的应用架构，向上承接业务架构的落地，向下规划和指导各个模块的定位和功能，灵活响应传统业务场景、新型业务场景和创新业务场景，赋能综合能源服务、能源电商、数据商业化等业务生态；将营销服务核心能力沉淀为业务服务、数据服务，支撑营销业务管理运营及营销业务生态构建；依托客户侧物联支撑服务，实现与边缘、终端及外围服务的信息交互，见图 4-8。

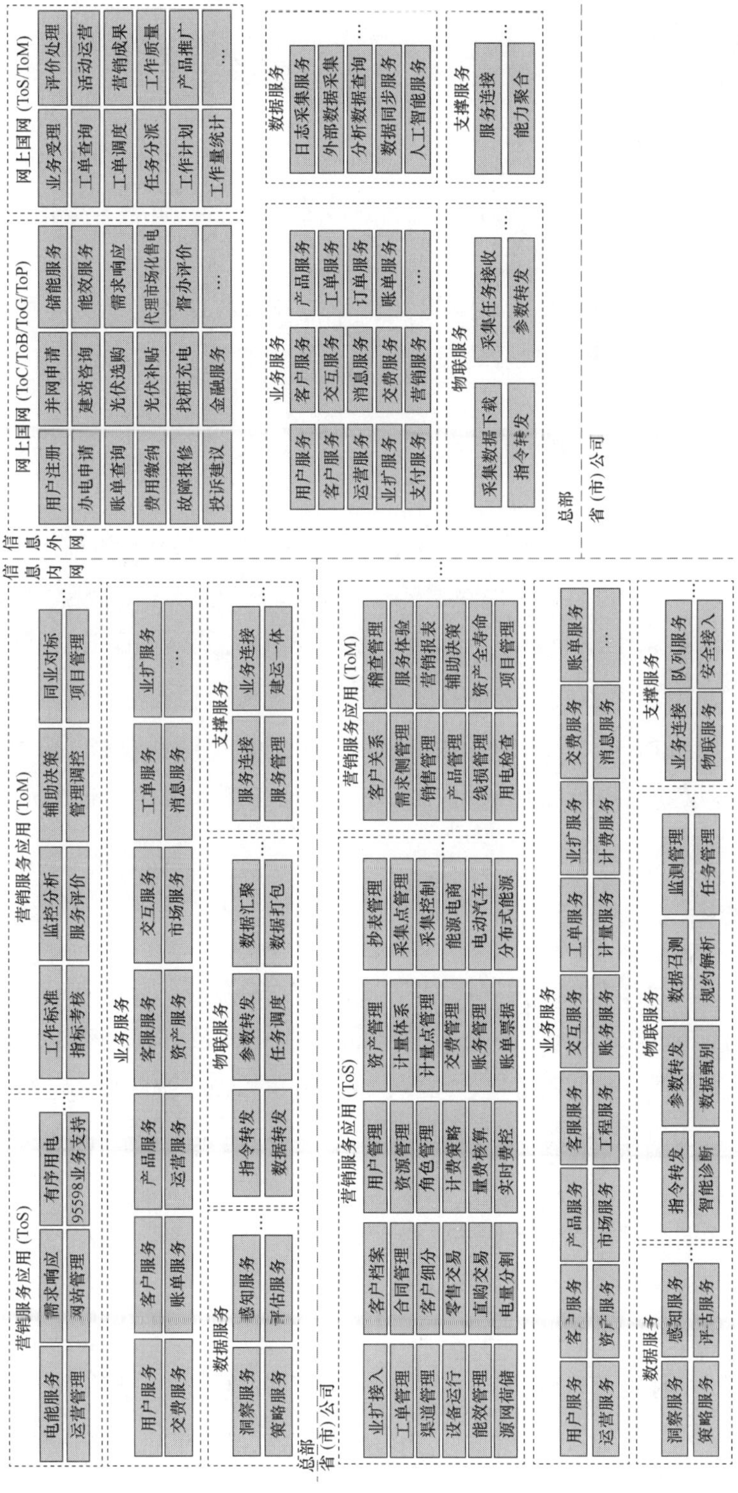

图 4-8　营销 2.0 应用架构

4.7.3 数据架构

营销 2.0 数据分布在总部信息内外网以及 27 个省（市）公司信息内网数据中心。其中总部信息内外网包括各自营销业务服务数据、客户服务业务中台数据、支撑平台数据、客户物联应用数据及数据中台（营销）数据。其中支撑平台数据是指服务连接平台、业务连接平台、运营管理平台、运维监控平台、能力聚合平台及 MSC 的 6 平台数据，客户服务业务是指业务中台 15 个中心数据，营销业务服务数据是指 10 个业务中心数据。数据架构具体如下图所示：

省（市）公司信息内网主要存储本单位营销业务数据、总部下发与回流数据、汇聚到本省数据中台的营销数据，包括运营中心、业扩中心、交费中心、客户物联应用中心、资产中心、市场中心、计量中心、工程中心、计费中心、账务中心 10 个营销业务服务数据，客户中心、用户中心、消息中心、产品中心、工单中心、交互中心、账单中心、客服中心、公共中心、文件中心、合同中心、销售中心 12 个中心的客户服务业务中台数据，客户物联应用中心采集缓存数据，以及同步到本省数据中台的营销贴源数据（含物联采集数据）、共享层数据、分析层数据。此外还包括省侧部署的 4 平台及 MSC 支撑数据。

4.7.4 技术架构

遵循公司企业技术架构，借鉴国内外先进架构经验，基于一体化云平台和数据中台，参考 Pace-Layered Application Strategy 架构体系架构，将软件主要分为前端、服务接入层，业务服务层、PaaS、IaaS 五层以及安全防护、运维监控、应用构建等共同构成营销 2.0 技术架构，支撑应用架构和数据架构的技术实现落地。

前端直接面向用户提供业务服务，由前端页面、App 界面以及交互逻辑等组成。在前端将使用的技术组件包括 web 框架、移动端框架、地图组件及可视化组件等相关组件库。

服务接入层支撑前端对营销 2.0 核心系统的服务接入及内部跨平台及内外网调用。服务接入层将基于内外网穿透和接口网关等技术组件，构造服务连接平台和能力聚合平台，见图 4-9～图 4-11。

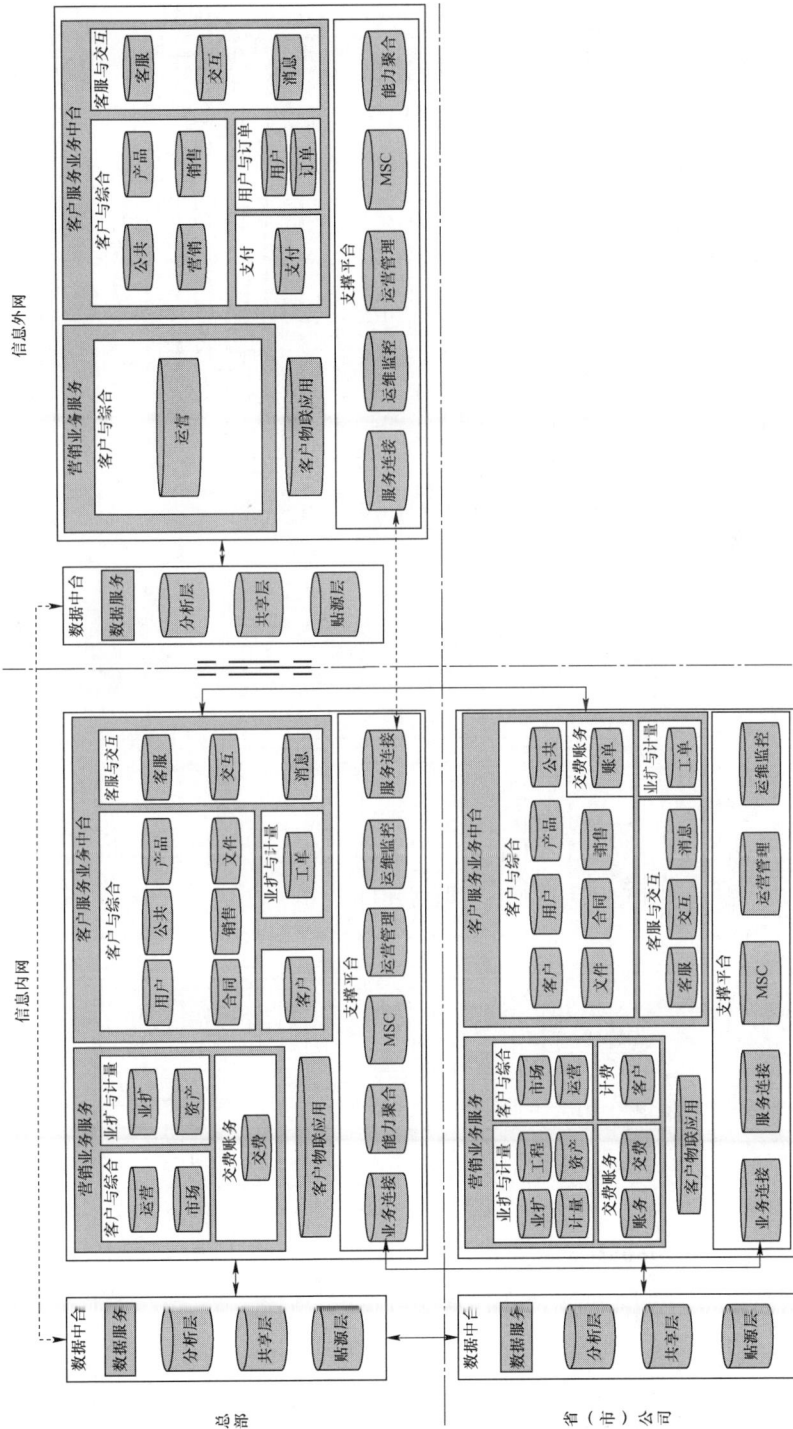

图 4-9 营销 2.0 数据架构

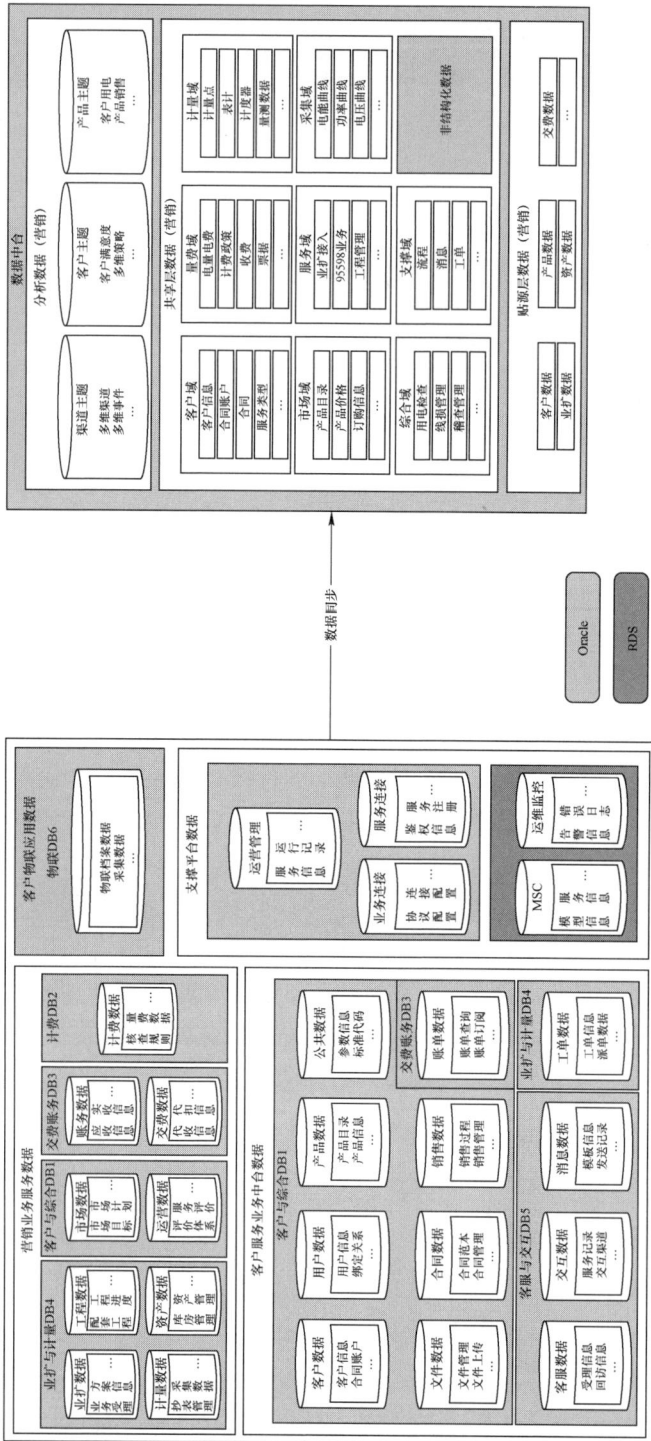

图 4-10 营销 2.0 数据架构

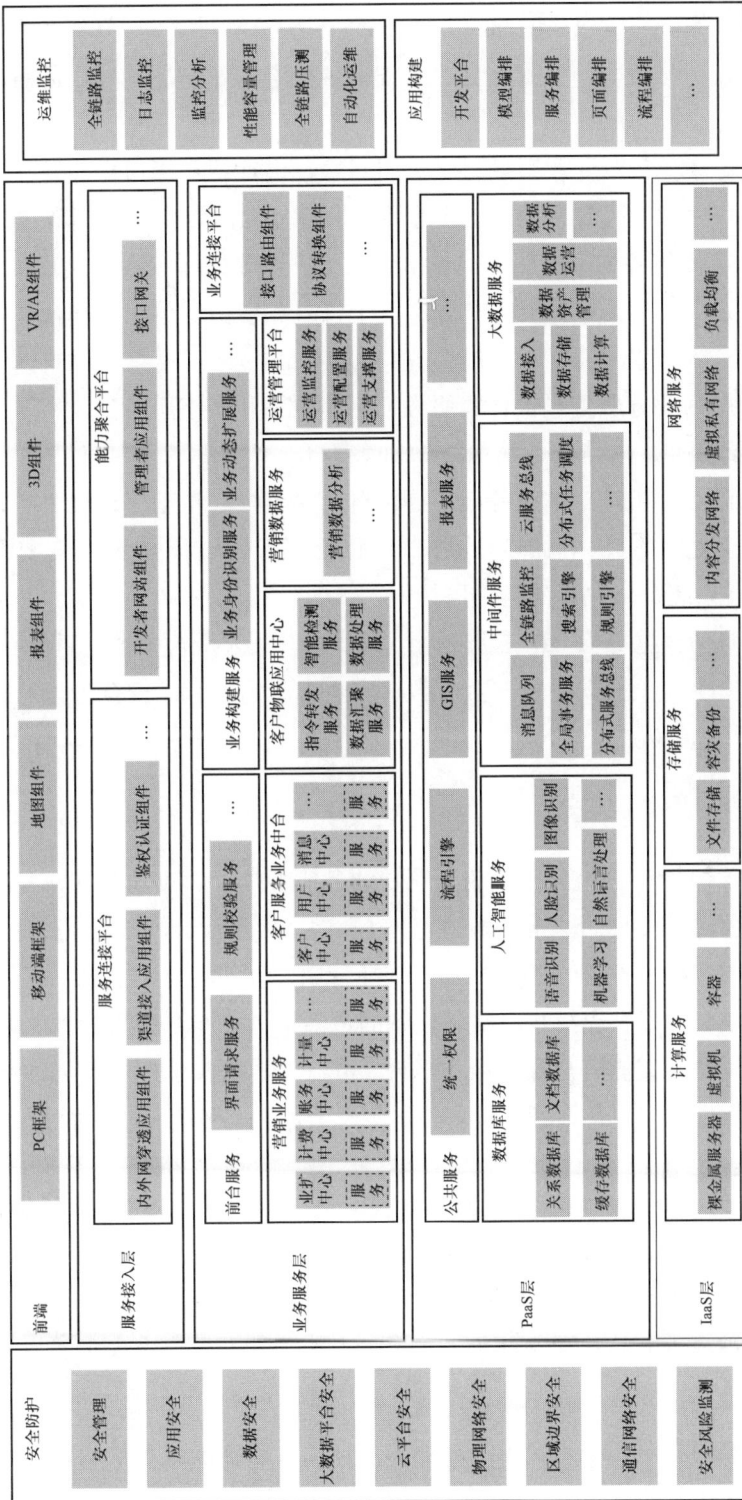

图 4－11　营销 2.0 技术架构

业务服务层基于底层的 IaaS 层和 PaaS 层构建满足营销 2.0 各业务需求的业务原子服务，并利用平台服务层的服务编排引擎构建满足各种业务需求的编排服务。

业务连接平台实现营销接口服务的归集，进行统一接口标准管理，对前、后端进行高标准、高效率调度，支撑用户服务体验的提供与管理效益的提升。

PaaS 层提供各种平台服务，包括公共服务、数据库服务、中间件服务、人工智能服务、大数据服务五大类服务，平台服务层由一体化云平台和数据中台统一提供。

IaaS 层为业务服务提供计算服务、存储服务和网络服务三大类服务，由一体化云平台提供。

运维监控为营销 2.0 业务应用提供自动化监控和自动化运维服务。运营服务将使用全链路监控、全链路压测、性能容量管理和自动化运维工具及产品，为营销 2.0 系统提供完善的运维监控。

安全防护根据等保 2.0 三级安全技术要求，从云平台安全、通信网络安全、区域边界安全、大数据平台安全、数据安全、应用安全、安全管理等方面为营销 2.0 提供安全防护。

4.7.5　预期成效

开展营销 2.0 系统建设，将为营销业务服务提升、市场开拓、提质增效、客户权益保障等方面带来显著成效。

一是支撑能源互联生态圈构建。依托营销 2.0 建设推动内部外系统集成，重构营销信息系统，支撑物联终端设备的灵活接入、智能交互、状态全面感知、信息高效处理，支撑客户交互服务平台"引流＋赋能"，助力汇聚产业链各方主体，推动实现客户侧能源流、业务流、信息流的"三流合一"，助力能源互联生态圈构建。

二是支撑依法合规保障客户权益。新能源云、智慧车联网、能源大数据等新型数字化产业，将成为公司未来业务发展的重要增长点，公司数字资产比重提升，数字资产保护更加受到关注。营销 2.0 系统集成建设，能够为新型数字化产业提供强大的数据服务能力和业务服务能力，将在传统电网资产安全和数字化资产安全之间取得新平衡，广泛应用区块链、5G、传感、边缘计算等新技术，应对更加复杂网络安全风险和挑战，依法合规保障客户权益。

4.8　采　集　运　维

为确保用电信息采集系统（以下简称"采集系统"）安全、稳定、可靠、高效运行，规范采集系统运行维护工作，提高采集系统应用水平，需根据《国家电网公司用电信息采集系统运行维护管理办法》〔国网（营销 4）278—2018〕的要求，按照"集中管控、分级维护"的原则，对采集系统主站、通信信道、现场设备开展运行维护，实现运维业务属地化、管理与评价集约化。

4.8.1　采集系统运行监控

采集系统运行监控是对采集系统整体运行情况进行监督管控，主要任务包括：采集系统主站运行性能监控、采集系统运行指标监控、采集数据质量监控、采集系统故障监控、计量在线监测、各项业务应用情况监控等。各省公司应建立省、市、县三级运行监控体系，设置相应班组（岗），分别负责所辖范围内采集系统运行情况的监控。根据分析情况进行工单派发，监控工单闭环处理进度。

采集系统主站运行性能监控主要包括主站性能在线监测，监测主站负载是否在合理范围内、核心业务模块是否负载均衡，对操作系统、中间件、数据库、应用服务、安全防护等进行监控。对发现的异常问题进行初步分析，应于 2 小时内派发工单。

采集系统运行指标监控主要包括每日监控本单位采集成功率等运行指标，分析采集失败原因并派发工单。

（1）当发现单个专变用户、公变考核表连续一天以上、低压用户连续三天以上采集异常时，地市、县供电企业运行监控人员应进行故障分析，应于 8 小时内派发工单。

（2）当发现终端在线率低于 85%、采集成功率低于 90%、采集系统主站故障等大范围采集异常时应立即分析，并将故障现象逐级上报至省计量中心。省计量中心立即组织大范围采集异常排查处理工作，其他各级监控人员根据职责分工立即派发异常处理工单。

采集数据质量监控主要包括每日跟踪分析本单位采集系统数据质量情况及相关数据异常情况，根据数据异常项和各类告警信息，分析判断异常原因并派发工单；对下级单位处理不及时的数据质量问题派发督办工单。当发现批量数据质量异常时，应立即上报省计量中心，由省计量中心立即组织异常排查处理工作。

采集系统故障监控主要对主站、通信及现场设备采集故障进行分析监控，对故障问题派发业务处理工单。

（1）对主站档案信息或参数错误、召测不稳定、通信故障、采集及计量设备故障、采集数据项缺失、终端及电能表时钟错误等故障进行监控，开展故障原因分析，应于 8 小时内派发工单。

（2）运维故障处理或采集设备调试的监控主要包括：每日跟踪故障处理或调试中的业务流程，跟踪流程中存在的问题，对超期故障处理或调试流程进行分析，并派发业务处理工单；对下级单位处理不及时的流程派发督办工单。

计量在线监测主要对计量设备异常进行监控分析，监控各类系统预警事件信息，通过对电能表和采集终端中的电能计量数据、运行工况数据和事件记录等数据进行比对、统计分析，判断计量设备是否存在电量异常、电压电流异常、异常用电、负荷异常、时钟异常、接线异常、费控异常、停电事件异常等，并对异常问题派发处理工单。

采集业务应用情况监控主要包括每日跟踪采集业务应用情况及相关指标，并积极配合各业务应用部门对应用中发现的问题进行处理。

（1）对数据采集不完整、接口故障等影响其它业务应用的采集系统问题，应于 8 小时内派发工单。

（2）对无法远程停复电、电费下发失败等情况进行监控，发现费控业务执行异常后，派发业务处理工单，并跟踪处理进度。复电及电费下发执行失败的任务，应于 2 小时内派发业务处理工单。

（3）台区同期线损业务应用主要监控台区同期线损可监测率、台区同期线损达标率、同期线损在线监测率等，对台区同期线损指标异常的台区进行分析，派发异常处理业务工单。

（4）"多表合一"采集业务应用监控，根据公共事业相关单位数据采集周期的要求，监控采集设备运行情况、水/气/热表采集成功率等指标，分析采集失败原因并派发工单。

4.8.2 采集系统主站运行维护

采集系统主站运行维护对象包括：硬件设备、系统软件和应用软件。

（1）硬件设备包括应用于采集系统的计算机及存储设备、网络及安全防护设备、加密设备、前置设备、磁盘阵列、UPS 电源、专用机柜及连接线缆、机房环境等。

（2）系统软件是指采集系统运行配套的服务器操作系统、数据库、中间件、备份系统软件等。

（3）应用软件是指按照国家电网公司统一标准开发应用的采集系统软件以及相关应用接口程序。

采集系统主站运维内容包括系统主站设备的日常巡视、检查，主站检修、故障处理，主站安全管理、数据备份，软件的升级维护，主站运行情况评估等。

采集系统主站日常巡视、检查主要包括检查采集系统软硬件设备、采集系统相关加密设备的运行状况，查看操作系统、数据库、中间件、备份日志，定时任务的执行情况。对异常情况在值班记录中填写，并采取相应的措施。

对涉及业务应用系统接口程序进行巡检，根据接口任务执行的总体状况、数据量、耗时等判断任务是否正常，对异常情况进行记录并及时分析处理。对于可能对其他业务系统造成影响的异常，应及时反馈至相关业务应用部门及信通调度，并启动相应预案。

对于巡视、检查中发现系统软硬件故障或隐患，应立即报告信通调度，进行分析处理，并通知省计量中心备案。对于可能影响采集系统正常运行超过 2 小时的故障或隐患，立即上报，必要时启动应急预案。备品备件的配置应满足采集系统可靠运行要求。

当需要消除系统功能故障隐患，优化系统功能时，省计量中心会同信通（分）公司制定升级方案，报省公司营销部、科技信通部审核批准后实施。

采集系统主站安全管理、数据备份工作应按照信息化安全工作要求，常态查杀清除系统病毒和外部侵扰，发现重大问题及时上报。

采集系统主站安全管理应按照信息化安全工作要求，常态开展安全检查，发现重大问题及时上报。

（1）按照最小服务配置和最小授权原则，对安全策略、安全配置、日志和操作等方面做出具体规定，明确各个岗位的权限、责任和风险。

（2）详细记录日常操作、运行维护记录、参数设置和修改等内容，严禁任何未经授权的操作；定期开展运行日志和安全审计数据分析工作，及时发现异常行为。

（3）及时查杀清除系统病毒，升级防病毒软件；对网络和主机进行恶意代码检测并做好记录，定期开展分析；定期进行漏洞扫描，及时发现安全漏洞并进行修补。

（4）严禁在非涉密计算机和互联网上存储和处理涉密信息。严禁涉密移动存储介质在涉密计算机和非涉密计算机及互联网上交叉使用。

（5）定期组织采集系统主站安全培训，提高全员信息系统安全意识；强化采集系统主站安全人员专业技能培训，做到培训工作有计划、有总结，培训效果有评价。

采集系统主站数据备份管理，应建立定期全量数据保障、增量数据备份机制，数据应备份至专用的存储设备上，并检查备份记录的可恢复性，保证备份记录在系统发生故障时能够对系统数据进行恢复。

（1）系统数据应每天进行增量备份，至少每周进行全备份、数据备份至少维持1个月，至少保留2个可用的备份集。

（2）系统数据及应用软件至少每半年利用移动硬盘、光盘或异机备份方式做一次全备份。

（3）对于超过历史库保存期限的历史数据，利用移动硬盘、磁带库或其他备份介质进行备份。保存期限不应小于3年，备份介质应有专人保管，各种数据备份工作应做好记录。

软件升级工作包括系统软件升级和应用软件：

（1）当需要开展系统软件升级工作时，运维部门应至少提前7个工作日提出申请，经批准后运维部门发布系统停运检修通告，各业务应用部门做好系统停运期间的业务处理工作。

（2）应用软件的升级应根据采集系统功能升级改造需求，编制应用软件升级改造方案，经省信通公司审核、省公司营销部批准后按照信息化管理工作要求执行。升级前，系统软件、应用软件运维部门应联合组织在测试环境对新版本应用软件进行测试，测试通过后由应用软件运维部门发布实施。

4.8.3　远程通信信道运行维护

远程通信信道运行维护对象包括光纤、无线公网、有线公网、无线专网、卫星通信等通信通道及相关设备。

运维内容包括设备巡视、故障处理及通信设备的升级改造。

远程信道运维工作应每月巡视一次光纤信道，每季度巡视一次无线专网基站/中继站。同时应根据设备运行情况适时调整巡视周期，在特殊气候条件、自然灾害情况时，应及时组织运维人员巡视。

光缆巡视内容包括是否断缆、断芯、严重电腐蚀，光缆弧垂有无明显变化，是否超过正常范围；无线专网信道巡视内容包括无线数传电台发射功率、天馈线驻波比、供电电压、环境温度、架设天线的铁塔支架是否锈蚀等。

运维单位发现远程通信信道故障（或隐患），以及接到故障通知单后，应立即分析处理。对于主站运行监测发现的疑似公网通信信道异常，应及时协调运营商完成故障排查、分析和消缺。对于影响采集系统正常运行超过 2 小时的故障，立即上报，必要时启动应急预案。运维单位开展故障抢修处理时间不得超过 24 小时。

备品备件的配置应充足、完好，满足采集系统运行需求。

远程通信信道升级改造影响采集系统正常通信的，运维单位应至少提前 3 天报至所属各级单位营销部，经省公司营销部审批同意后方可进行设备维护或升级改造。

运维单位每年应开展通道运行情况的统计分析，根据通信信道运行情况和数据业务增长需求，制定远程信道升级改造方案，列入下一年综合计划。

4.8.4　现场设备运行维护

现场设备运维对象包括：厂站采集终端、专变采集终端、集中抄表终端（集中器、采集器）、农排费控终端、回路状态巡检仪、通信接口转换器、通信模块、电能表、低压互感器及二次回路、计量箱（含开关）、通信卡、本地通信信道等现场相关设备。

现场各类采集设备安装应严格执行公司标准化作业要求。为保障采集系统安全、稳定运行，确保通信的可靠性，现场智能电能表禁止同时接入其他系统。

运维部门按照闭环管理模式开展现场设备运行维护工作，接到业务工单后，进行现场排查处理，对运维结果及时反馈。对于需要专业协同配合处理的问题，及时向采集监控部门反馈。

运维内容包括现场设备巡视和故障（或隐患）处理。

现场设备的常规巡视应结合用电检查、周期性核抄、现场检验、采集运维等工作同步开展；厂站采集终端、专变采集终端、集中抄表终端（集中器、采

集器）、农排费控终端、回路状态巡检仪、高压及台区考核电能表，巡视周期不超过 6 个月；通信接口转换器、通信模块、低压电能表、低压互感器、计量箱巡视周期不超过 12 个月；在有序用电期间，或气候剧烈变化（如雷雨、大风、暴雪）后采集终端出现大面积离线或其他异常时，开展特别巡视。

现场设备巡视工作应做好巡视记录，巡视内容主要包括以下内容：

（1）设备封印是否完好，计量箱、箱门及锁具是否有损坏。

（2）现场设备接线是否正常，接线端子是否松动或有灼烧痕迹。

（3）采集终端、回路状态巡检仪外置天线是否损坏，无线信道信号强度是否满足要求。

（4）现场设备环境是否满足现场安全工作要求，有无安全隐患。

（5）电能表、采集设备液晶显示屏是否清晰或正常，是否有报警、异常等情况发生。

现场设备故障处理应根据故障影响的用户类型、数量、距离远近及抄表结算日等因素，综合安排现场工作计划。

对于采集终端出现故障，运维人员接到工单后，应于 1 个工作日内到达现场，2 个工作日内反馈结果。对现场采集终端存在问题进行分析，对采集终端不在线、不抄表、抄表不稳定、转发不稳定或采集设备时钟错误、停电事件异常等问题进行处理，保证采集终端正常工作。

（1）采集终端不在线或终端数据不上报，应对采集终端供电状态、运行状态、通信参数、软件版本、通信模块及通信卡等方面进行检查，进行相应的处理、维护、升级或更换。

（2）采集终端不抄表或抄表不稳定，应对采集终端运行状态、软件版本、三相电源接线、终端内电能表信息档案、终端本地通信模块进行检查，进行相应的处理、维护、升级或更换。

（3）采集设备时钟错误，优先通过远程方式进行校时。对远程对时失败的采集设备需进行现场校时，现场对时失败的设备需进行更换。校时时刻应避免在每日零点、整点时刻附近，避免影响采集数据冻结。

对于采集器、通信接口转换器出现故障，运维人员接到工单后，应于 2 个工作日内到达现场，3 个工作日内反馈结果。核对设备信息、检查设备供电状态、运行状态、接线、通信模块等问题，并及时进行维护或更换。

对于高压及台区考核电能表采集失败，运维人员接到工单后，应于 1 个工作日内到达现场，2 个工作日内反馈结果。核对设备信息，对设备供电状态、运行状态、接线、通信模块等问题进行检查，发现问题及时进行维护或更换。

对于低压电能表采集失败，运维人员接到工单后，应于 2 个工作日内到达现场，3 个工作日内反馈结果。

核对设备信息，对设备供电状态、运行状态、接线、通信模块等问题进行检查，发现问题及时进行维护或更换。

营销系统档案信息变更后，应于 1 个工作日内同步至采集系统，并同时下发基础信息参数至采集终端，避免采集数据不全或采集数据错误等情况发生。

对于远程采集故障暂时无法排查时，应使用计量现场作业终端，通过红外等自动方式对电能表冻结数据进行采集，提升采集数据完整性。

对于执行失败的费控业务，运维人员接到工单后，应按规定时限到达现场，对设备供电状态、运行状态、接线、通信模块、密钥等情况进行检查，及时进行维护。

（1）对于停电执行失败的任务，运维人员接到工单后，应于 3 个工作日内进行消缺。

（2）对于复电及电费下发执行失败的任务，运维人员接到工单后，应于 8 小时内到达现场，1 个工作日内进行消缺。

对于台区同期线损异常业务，运维人员接到工单后，应于 2 个工作日内到达现场，3 个工作日内反馈结果；涉及电能计量装置故障的，应于 2 个工作日内进行消缺处理。现场核对台区用户对应关系、设备信息，排查台区是否实现全采集，对设备接线、电能表数据等方面进行检查，对发现的问题进行及时处理。对排查出的需要其他专业配合解决的问题，及时向采集监控部门反馈。

采集设备软件升级前，须经省计量中心检测确认，并按软件版本管理要求统一编制版本号后，报省公司营销部批准后组织实施。采集设备软件升级应以远程升级为主，本地升级为辅。

4.9 计量异常处置

低压计量装置是指安装在低压用户现场的计量箱（柜）以及计量箱（柜）内的电能表、互感器、隔离开关、断路器、采集终端及其连接导线。在现场巡视、装置验收、缺陷跟踪等日常工作中，需要对低压计量装置的各类异常进行及时处置。

4.9.1　巡视检查

作为周期巡视、临时巡视的补充，在下列情况下应对低压计量装置开展或组织开展特别巡视，并拍照记录有关缺陷：

1）一季度内同一台区发生两次及以上计量类客户投诉、电能表烧毁、计量箱烧毁；

2）同一台区的计量装置存在两处及以上错接线或影响安全的计量装置缺陷；

3）可能对计量装置安全运行产生重大影响的重大灾害前后。

当发现计量箱封印缺失、计量箱内存在严重安全隐患等情况时，需开箱检查，并仔细核查以下内容：

1）隔离开关、断路器是否良好；

2）电能表、终端、互感器安装是否牢固、接线工艺是否符合要求；

3）计量箱内部是否存在杂物；

4）电能表和终端封印是否破损，显示屏是否存在异常。

当发现封印缺失、无锁、存在杂物等情况时，宜当场整改并记录处理情况；发现疑似窃电行为的，应立即联系用电检查人员调查处理。

4.9.2　缺陷处置

计量装置缺陷管理实行全流程设备主人负责制，实现缺陷信息分散收集、统一核对、集中处理和闭环验收，确保计量装置缺陷及时有效整改。

现场巡视发现的缺陷及各类照片应在 3 个工作日内上传，其中，涉及运行安全的应在 1 个工作日内完成上传，特别紧急的应立即报修。各单位应安排人员通过营销系统对缺陷信息和照片进行集中统一复核，确认缺陷情况。

营销系统根据确认的缺陷情况，依据《配电网设备缺陷分类标准》（Q/GDW 745—2012）的口径，自动完成缺陷定级，定级标准如下：

（1）危急缺陷：计量箱、导线、设备出现严重老化、发热破损现象等直接影响运行安全和计量准确性的缺陷。

1）计量箱整体破损、严重锈蚀、箱体不完整或存在其他安全隐患等情况；

2）计量装置安装不牢固；

3）计量箱配线、接线端子、隔离开关、断路器等电气连接部分出现严重老化、发热、烧损现象的；

4）金属电能表箱未接地；

5）电能表、互感器、采集终端外观损坏。

（2）严重缺陷：计量箱内配线截面、设备不满足要求、计量箱各类标示牌缺失等可能影响安全性和计量准确性的缺陷。

1）计量箱轻微破损或局部锈蚀；

2）计量箱隔离开关、断路器容量不匹配或为瓷插座；

3）计量箱内配线截面积不符合要求；

4）计量箱无法加锁；

5）计量箱窥视窗玻璃破损。

（3）一般缺陷（轻度）：计量箱内部接线不美观、计量箱安装角度不合理等不涉及安全性和计量准确性的一般缺陷。

1）计量箱视窗发黄、不清晰；

2）计量箱内部接线零乱；

3）计量箱安装位置不符合要求；

4）电能表安装位置不符合要求；

5）其他一般性缺陷。

（4）一般缺陷（轻微）：封印缺失、计量箱内存在杂物等不涉及表箱箱体改造、重新接线的简单缺陷。

1）计量箱锁具、封印缺失，电能表、采集终端封印缺失；

2）计量箱内存在杂物。

各单位应安排人员检查所管理计量装置的缺陷，对于危急缺陷应确保当年整改完毕，严重、一般缺陷可根据各单位承担能力据实安排。缺陷处理人员应在整改完成后，现场拍摄照片并上传。缺陷整改后，设备主人通过核对营销系统内相关信息、照片等方式参与验收，必要时可到现场验收。

通过现场巡视、计量装置在线监测、采集运维闭环管理等方式发现的计量装置缺陷，由设备主人对所管辖的缺陷整改情况进行跟踪和催办。列入次年营销储备项目的严重、一般缺陷，由设备主人跟踪计量装置改造项目的申报和施工进度。逾期未整改的缺陷，按照《国家电网公司安全隐患排查治理管理办法》要求，纳入安全事件隐患管理，见图 4-12。

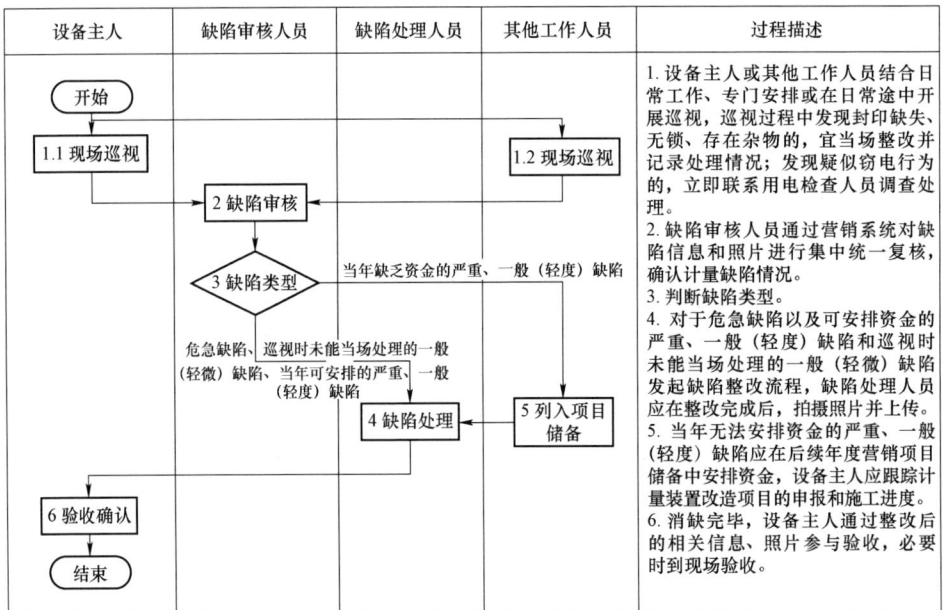

图 4-12　计量装置缺陷处理流程

第5章

新 兴 业 务

5.1 分布式光伏业务

分布式新能源开发是落实国家碳达峰、碳中和战略的重要举措，近年来，国网公司经营区分布式光伏快速发展，并网规模不断扩大。截至 2022 年，公司经营区分布式光伏装机 1.47 亿 kW，占光伏装机总规模的 43.8%，较"十三五"末增长 103.6%。低压分布式光伏规模较大，达到 77.0%；发展区域主要集中于华北和华东地区，山东、浙江、江苏、河南、河北、安徽 6 省装机规模均超过 1000 万 kW。

综合考虑公司经营区资源分布、开发强度等因素影响，分布式光伏、分散式风电技术可开发资源 6.5 亿～13 亿 kW、5 亿～10 亿 kW。预计 2025 年、2030 年分布式新能源分别达到 3 亿 kW 和 5 亿 kW 左右，"十四五""十五五"各增加 2.1 亿 kW 和 2 亿 kW 左右，分布式新能源渗透率分别达到 20%、30% 以上，远高于 2022 年 12.3% 水平。

为响应国家号召，国网公司主动作为、积极支持、科学服务，提升并网服务水平，促进分布式新能源健康有序安全发展。一是明确并网接入原则，推动规模化开发的分布式光伏"集中汇流、升压并网"，视开发规模就近接入 10kV 中压配电网或 35kV 高压配电网。二是深化应用"新能源云""网上国网"平台，构建分布式新能源并网全流程、数字化服务体系，实现业务线上办理、透明服务。三是落实国家能源局《电网公平开放监管办法》、公司《电源接入和电网互联前期工作管理意见》等文件要求，积极做好分布式新能源发电并网服

务，简化并网手续，优化服务流程。

分布式光伏项目并网服务流程如下。

1. 接入申请受理

地市或县级公司营销部（客户服务中心）负责受理分布式电源接入申请，协助项目业主填写接入申请表，接收相关支持性文件和资料。

地市公司营销部（客户服务中心）负责将接入申请资料存档，报地市公司发展部。地市公司发展部通知地市经研所（直辖市公司为经研院）制订接入系统方案。工作时限为 2 个工作日。

2. 接入系统方案确定

地市经研所负责研究制订接入系统方案。接入系统研究内容深度按国家和公司有关要求执行，参考《分布式电源接入系统典型设计》。工作时限第一类项目为 30 个（其中分布式光伏发电单点并网项目 10 个工作日，多点并网项目 20 个工作日），第二类项目为 50 个工作日。

地市公司营销部（客户服务中心）负责组织相关部门审定 380V 接入项目接入系统方案，出具评审意见。工作时限为 5 个工作日。

地市公司发展部负责组织相关部门审定 35kV、10kV 接入项目（对于多点并网项目，至少一个并网点为 35kV、10kV 接入）接入系统方案，出具评审意见和接入电网意见函。工作时限为 5 个工作日。

地市或县级公司营销部（客户服务中心）负责将 380V 接入项目的接入系统方案确认单，或 35kV、10kV 接入项目的接入系统方案确认单、接入电网意见函告知项目业主，工作时限为 3 个工作日。负责受理并安排接入系统方案咨询。

380V 接入项目，项目业主确认接入系统方案后，营销部负责将接入系统方案确认单及时抄送地市公司发展部、财务部、运检部。项目业主根据确认的接入系统方案开展项目核准（或备案）和工程建设等工作。

35kV、10kV 接入项目，项目业主确认接入系统方案后，地市公司发展部负责将接入系统方案确认单、接入电网意见函，及时抄送地市公司财务部、运检部、营销部、调控中心、信通公司，并报省公司发展部备案。项目业主根据接入电网意见函开展项目核准（或备案）和工程设计等工作。

公司为自然人分布式光伏发电项目提供项目备案服务。对于自然人利用自有住宅及其住宅区域内建设的分布式光伏发电项目，地市公司发展部收到项目接入系统方案确认单后，根据当地能源主管部门项目备案管理办法，按月集中代自然人项目业主向当地能源主管部门进行项目备案，备案文件抄送地市公司财务部。

3. 接入系统工程建设

地市（县）公司负责公共电网改造工程建设（包括随公共电网线路架设的通信光缆及相应公共电网变电站通信设备改造等）。

公司为公共电网改造工程建设开辟绿色通道。

35kV、10kV 接入项目，项目业主在项目核准（或备案）后、在接入系统工程施工前，将接入系统工程设计相关资料提交地市或县级公司营销部（客户服务中心）。地市公司营销部（客户服务中心）负责将接入系统工程设计相关资料存档，组织发展部、运检部、调控中心等部门（单位）审查接入系统工程设计，出具答复意见并告知项目业主、抄送调控中心，工作时限为 10 个工作日。项目业主根据答复意见开展接入系统工程建设等后续工作。若审查不通过，提出修改方案。

4. 并网验收与调试

地市或县级公司营销部（客户服务中心）负责受理项目业主并网验收及并网调试申请，协助项目业主填写并网验收及并网调试申请表，接收相关资料。

地市公司营销部（客户服务中心）负责并网验收及并网调试申请资料存档，并报地市公司财务部、调控中心、运检部。工作时限为 2 个工作日。

并网验收及并网调试申请受理后，地市公司营销部（客户服务中心）负责安装关口计量和发电量计量装置。工作时限为 8 个工作日。

并网验收及并网调试申请受理后，380V 接入项目，地市公司营销部（客户服务中心）负责办理与项目业主（或电力用户）关于购售电、供用电和调度方面的合同签订工作，签订的合同抄送地市公司财务部、调控中心，报省公司交易中心备案。35kV、10kV 接入项目，购售电合同与调度协议同步签署，地市公司营销部（客户服务中心）商调控中心确定签署日期，地市公司营销部（客户服务中心）负责办理与项目业主（或电力用户）关于购售电和供用电方面的合同签订工作，签订的合同抄送地市公司财务部，报省公司交易中心备案，地市公司调控中心负责办理与项目业主（或电力用户）关于调度协议方面的签订工作。工作时限为 8 个工作日。

电能计量装置安装、合同与协议签订完毕后，380V 接入项目，地市公司营销部（客户服务中心）负责组织相关部门开展项目并网验收及并网调试，出具并网验收意见（附件12），并网调试通过后直接转入并网运行。35kV、10kV 接入项目，地市公司调控中心负责组织相关部门开展项目并网验收工作，出具并网验收意见，开展并网调试有关工作，调试通过后直接转入并网运行。若验收或调试不合格，提出整改方案。工作时限为 10 个工作日。

分布式电源涉网设备，应按照并网调度协议约定，纳入地市公司调控中心调度管理。分布式电源并网点开关（属用户资产）的倒闸操作，须经地市公司和项目方人员共同确认后，由地市公司相关部门许可。其中，35kV、10kV 接入项目，由地市公司调控中心确认和许可；380V 接入项目，由地市公司营销部（客户服务中心）确认和许可。

5. 国家补贴资金管理

地市或县级公司财务部门每 9 月 30 日前，负责将属地下年度可再生能源补助资金年度预算报送省公司财务部门。省公司财务部门审核汇总后于每年 10 月 10 日前报总部财务部。

公司总部财务部负责按季向财政部请求拨付补助资金，并在收到财政部拨付补助资金后，及时拨付给省公司。省公司财务部收到资金后及时拨付地市或县级公司。地市或县级公司财务部门负责在收到补助资金后，按照结算周期及时向项目业主（或电力用户）支付补助资金。

6. 并网信息管理

发展部负责分布式电源并网信息归口管理。

7. 并网咨询服务

营销部（客户服务中心）负责分布式电源并网咨询服务归口管理，提供并网咨询服务包括 95598 服务热线、网上营业厅、地市和县公司营销部（客户服务中心）。

5.2 电动汽车充换电业务

截至 2023 年 6 月，公司经营区内新能源汽车保有量、充电桩数量分别为 1250 万辆、506 万台，考虑新能源车下乡等政策影响，新能源汽车将超预期发展，预计 2025 年公司经营区新能源汽车保有量将实现翻番，达到 3000 万辆（含纯电动 2600 万辆），年充电量将达 1423 亿 kWh，占当年全社会用电量 1.9%。随着新能源汽车渗透率快速提升，保障新能源汽车充换电便捷可靠面对很大挑战。

目前，城镇小区充电桩在报装接入环节尚存在制约因素。一是协调物业报装难，私人乘用车在小区报装充电桩时，物业公司往往态度消极，特别是人防车位产权证明、同意安装证明等证明材料办理难，个别情况下受收资要求、办理流程、电价管理不统一等因素影响，居民用户报装充电桩存在困难。二是老旧小区接入难，充电桩改造目前暂未纳入老旧小区改造范围，部分受限于公共空间裕度小、安全顾虑多、配电设施容量不足、改造成本高等因素，部分老旧小区接入设施改造的协调难度大，难以满足接入需求。

此外，大规模接入需求与建成区配电网承载力提升存在矛盾。总体来看，充电负荷对电力平衡影响有限，如采用分时电价引导、本地有序充电等措施，对电力平衡的影响将进一步降低。充电设施规模化接入，对电网的影响凸显。低压层面，部分城镇居民小区及中西部农村居住区配电变压器面临重载问题，中西部农村入户线导线截面普遍偏小，无法承载交流充电桩接入需求；大型商超、综合市场、物流（仓储）基地、道路服务区等现有配电变压器裕度有限，难以承载大规模充电设施接入。中高压配电网层面，中心城区受充电负荷激增影响，主变重过载比例增高，受限于站址、廊道资源紧张，建设改造困难；中西部农村电网变电站布点少、容量小、供电距离长，叠加充电负荷后部分变电站重过载加剧，10kV 线路末端容易出现低电压问题。分时电价引导、本地有序充电、需求侧响应等车网互动模式对电网削峰填谷作用显著，但目前分时电价政策覆盖不全、峰谷价差有待优化，支撑本地有序充电和需求侧响应的感知设备、通信通道和平台贯通仍存在一定的不适应性。

为此，国网宁夏电力制定了《电动汽车充电设施用电报装管理办法》，对充电设施建设安装要求、用电报装流程、配套电网工程建设、电价执行标准进行了明确。

1. 充电设施建设安装要求

（1）住宅小区固定停车位配建的充电设备采用交流充电方式，其他场所配建的充电设备按需采用直流或交流充电方式。

（2）新建住宅小区配建的固定车位应 100%建设充电设施或预留安装条件。预留安装条件时需将管线和桥架等供电设施建设到车位以满足直接装表接电需要，并预留充足的变压器容量。原则上充电设施电能计量装置在配电间集中安装，对于不具备配电间集中安装条件的，应根据地下室防火分区划分，预留独立的充电设施配电空间，以满足直接装表接电需要。地市公司加强新建住宅小区用电报装图纸审查及竣工验收关键环节把关，严格落实新建

小区充电设施配建及安装条件预留要求，对未落实配建要求的项目不得验收送电。

（3）既有住宅小区供配电设施产权属于供电企业的，居民可向当地供电公司申请充电设施用电报装业务，供电公司不得以任何理由拒绝受理客户报装。地下车位应按照地下室防火分区设置电表计量间，不具备设置电表计量间条件的，可在符合安全规定的前提下选择合适位置集中安装。

（4）既有住宅小区供配电设施产权不属于供电企业，但已实现"一户一表"的小区，居民经与物业公司协商一致，并取得物业同意书后，可向当地供电公司申请充电设施用电报装业务，供电公司不得以任何理由拒绝受理用户报装。小区电力设施容量不够时，由产权单位向当地供电公司申请增容或新建，或协商将小区供电设施移交供电公司。

（5）既有住宅小区供配电设施产权不属于供电企业，未实现"一户一表"的小区，居民向电力设施产权单位进行充电设施报装。住宅小区电力设施容量不够时，由产权单位作为报装主体，向当地供电公司申请增容。

（6）既有不具备人车分流和停车保障的住宅小区，以"一桩多车"为原则，优先通过共享用电推广和统建统营等方式，解决供电容量不足问题。

（7）充电设施运营方在政府机关、单位内部、商业区和公共停车场，以及公交、物流、环卫等专用停车场建设充电设施的，可根据不同建设地点的具体情况，选择以下两种方式报装用电：

1）充电设施运营方向当地供电公司申请报装，由供电公司就近选取所属产权的电源点接入电网。

2）充电设施运营方建设的充电设施直接接入政府机关、单位或企业专用电力设施的，向产权单位申请接入。专用电力设施容量不够时，由产权单位作为报装主体，向当地供电公司申请增容或新建。

2. 用电报装流程

（1）直接向供电公司申请充电设施用电报装的用户，可按主体分为个人充电桩报装和公共充电桩报装。个人充电桩报装在业务受理环节需提供用电人主体资格证明、用电地址物权证明（或业主授权）、物业同意书；公共充电桩报装需提供用电人主体资格证明、用电地址物权证明、项目备案核准证明。

（2）直接向供电公司申请充电设施用电报装的用户，报装业务参照国家电网公司、公司业扩报装相关文件，根据不同报装主体、电压等级，分别执行相应的低压非居民新装增容，高压新装增容流程。其中：对于低压非居民新装增容，办电环节压减为用户申请、装表接电两个环节，从申请用电至装表接电不超过 15 个工作日（其中涉及物业阻挠、电力外线行政审批等时间较长的项目，可申请加入白名单）。对于 10kV 高压新装增容用户，供电企业责任办理环节压减为 4 个，分别为业务受理不超过 1 个工作日，供电方案答复不超过 10 个工作日，竣工检验不超过 3 个工作，装表接电不超过 3 个工作日。电力外线工程施工不超过 60 个工作日（其中涉及物业阻挠、电力外线行政审批等时间较长的项目，可申请加入白名单）。

（3）工商业客户作为报装主体，向当地供电企业申请报装容量 160kW 及以下的，可采用低压供电；申请报装容量 160kW 以上的，采用高压供电。执行其他电价类别的报装主体，向当地供电企业申请报装仍按照供电营业规则相关要求执行。各类报装主体均按照就近选取电源接入公共电网的原则制定供电方案。

（4）投资分界点位于客户接入公共电网的连接点，也是供用电双方的产权分界点。高压报装充电设施，投资分界点为客户规划红线。低压报装充电设施，投资分界点为计量箱内电能表后第一断路器，第一断路器由公司投资。

（5）双方的运行维护管理及安全责任范围按照产权归属划分，产权分界点电网侧设施由公司投资建设，并承担相应的运维和安全责任。产权分界点客户侧设施由客户投资建设，并承担相应的运维和安全责任。运行维护管理及安全责任范围须在供用电合同的特别约定中予以明确。

3. 配套电网工程建设

（1）电动汽车充换电设施产权分界点至电网的配套接网工程，由电网企业负责建设和运行维护，不得收取接网费用，相应成本纳入电网输配电成本统一核算。

（2）电动汽车充换电设施配套电网建设，10kV 项目及低压线路延伸项目通过列入电网基建专项投资，纳入各单位年度综合计划，当年新增紧急项目可使用业扩预列专项资金。低压接户线项目由各单位年度成本费用列支。

（3）既有住宅小区供配电设施产权属于供电企业且已列入改造计划的，应统筹考虑小区充电基础设施建设。如改造方案未考虑充电基础设施配套电网建设的，应及时调整改造方案和资金；如供配电设施改造工程正在实施的，条件允许情况下应及时调整改造方案和资金，满足充电基础设施接入要求。

4. 电价执行标准

电价类别按照《国家发展改革委关于电动汽车用电价格政策有关问题的通知》（发改价格〔2014〕1668 号）的要求，根据不同充电设施安装场所及经营主体确定。具体价格依据《自治区发展改革委关于调整宁夏电网销售电价分类适用范围的通知》〔宁发改价格（管理）〔2019〕781 号〕文件规定执行。鼓励用户申请执行峰谷分时电价错峰用电，降低用电成本。

第6章

电力安全工作规程解读

6.1 电力安全工作规程（低压配电部分）解读

6.1.1 一般要求

1. 低压电气带电工作应戴手套、护目镜，并保持对地绝缘。

【释义】① 低压电气工作的重点是防触电、电弧灼伤，保护人身安全。② 戴手套、护目镜防止电弧灼伤眼睛和手；保持对地绝缘（穿绝缘鞋站在绝缘胶垫或绝缘的梯凳上），主要防止人与大地形成回路造成触电。③ 建议戴低压绝缘手套，如果为普通手套也至少应为喷胶手套或全棉型手套。

2. 低压配电网中的开断设备应易于操作，并有明显的开断指示。

【释义】对低压设备的本质化要求为易于操作，并有明显的开断指示，如开断后的机械分合位置、带电显示标识等。

3. 低压电气工作前，应用低压验电器或测电笔检验检修设备、金属外壳和相邻设备是否有电。

【释义】为防止因停错设备或设备金属外壳漏电等导致需要检修的设备仍然带电，而造成低压触电，低压停电工作前需验电（专用低压验电器或测电笔使用前应测试完好）。因低压设备间距较小，作业中可能触及相邻设备，为防止触电，也应对相邻设备进行验电。

4. 低压电气工作，应采取措施防止误入相邻间隔、误碰相邻带电部分。

【释义】① 重点是防止作业人员误入相邻间隔、误碰带电部位，避免人身触电。② 防止措施：核对作业设备是否正确，设置遮栏或围栏；挂"运行设备"红布幔标识（针对相邻为独立间隔的）或绝缘隔离有电部位；作业人员戴绝缘手套。

5. 低压电气工作时，拆开的引线、断开的线头应采取绝缘包裹等蔽措施。

【释义】为防止线头搭接短路和误碰触电，对拆开的引线、断开的线头应采用绝缘遮蔽措施（如绝缘胶套、绝缘包裹等）。

6. 低压电气带电工作，应采取绝缘隔离措施防止相间短路和单相接地。

【释义】低压线路、设备各相间距离较小，设备内部的电气距离也较小，低压电气带电工作时容易发生相间短路或单相接地，因此，在低压电气带电工作中，应采取可靠的绝缘隔离措施（如使用绝缘隔板、绝缘胶垫、绝缘套管、对作业工具进行绝缘包裹等）。

7. 低压电气带电工作时，作业范围内电气回路的剩余电流动作保护装置应投入运行。

【释义】低压电气带电工作时，为确保人身意外触电时能够得到有效保护，在作业范围内电气回路的剩余电流动作保护装置（漏电保护器）应投入运行，不得退出。

8. 低压电气带电工作使用的工具应有绝缘柄，其外裸露的导电部位应采取绝缘包裹措施；禁止使用刀、金属尺和带有金属物的毛刷、毛等工具。

【释义】① 为防止低压电气作业时发生相间或相对地短路，规定作业人员应使用有绝缘柄的工具，外裸的导电部分要采取绑扎、缠绕绝缘材料等措施。② 使用金属类的工具，容易发生相间、相对地短路，故应禁止使用。

9. 所有未接地或未采取绝缘遮蔽、断开点加锁挂牌等可靠措施隔绝电源的低压线路和设备都应视为带电。未经验明确无电压，禁止触碰导体的裸露部分。

【释义】低压线路接线复杂，大量设备无明显断开点，对带电情况难以把握，因此对未接地或未采取绝缘遮蔽、断开点未加锁挂牌的都应视为带电禁止触碰，防止发生人身触电事故。

10. 不填用工作票的低压电气工作可单人进行。

【释义】400V 检修工作使用低压工作票、220V 检修工作使用安全措施卡（均含带电作业）。

6.1.2　低压配电网工作

1. 带电断、接低压导线应有人监护。断、接导线前应核对相线（火线）、中性线。断开导线时，应先断开相线（火线），后断开中性线。搭接导线时顺序应相反。禁止人体同时接触两根线头。禁止带负荷断、接导线。

【释义】① 低压带电作业具有一定的触电风险，因此要在有人监护下进行（一般为工作负责人或专责监护人）。按照流程开展作业：断开负荷（确认空载），核对相线、中性线后，按照"先断相线（火线）再断中性线"原则进行，因为在低压配电网中采取的是接零保护和接地保护，所以中性线相对安全。② 禁止人体同时接触两根线头，防止作业人员触电。③ 带负荷断接导线相当于带负荷拉、合闸，会产生较大电弧，伤害作业人员，因此，禁止带负荷断、接导线。

2. 高低压同杆（塔）架设，在低压带电线路上工作前，应先检查与高压线路的距离，并采取防止误碰高压带电线路的措施。

【释义】低压配电网工作，对高低压同杆（塔）架设线路，应先检查与高压线路的距离（10、35kV 分别保持 1.0、2.5m 以上距离），并采取防止误碰高压带电线路的措施，如使用绝缘绳控制导线防止弹跳至带电高压线路上、对高压带电线路和设备绝缘遮蔽等。

3. 高低压同杆（塔）架设，在下层低压带电导线未采取绝缘隔离措施或未停电接地时，作业人员不得穿越。

【释义】在高低压同杆（塔）架设的线路中进行高压检修工作，在下层低压带电导线未采取可靠有效的绝缘隔离措施或未停电、接地时，因低压线路相间、相对地距离较小，作业人员在穿越低压线路时无法保证与低压带电线路之间的距离，给穿越人员带来较大触电风险，因此严禁穿越。

4. 低压装表接电时，应先安装计量装置后接电。

【释义】强调低压装表接电工作的流程，防止因接电后再装计量装置或两项工作同时进行给作业人员带来触电风险。

5. 电容器柜内工作，应断开电容器的电源、逐相充分放电后，方可工作。

【释义】低压电容器存在剩余电荷，若停电后即开展工作，电容器剩余电荷将造成作业人员触电，因此，应在断开电容器的电源、逐相充分放电后方可在电容器上进行作业。

6. 在配电柜（盘）内工作，相邻设备应全部停电或采取绝缘遮措施。

【释义】在配电柜（盘）内工作，因柜内空间狭小、三相电气距离比较小，作业中容易误碰发生相间短路和单相接地事故,因此相邻设备应全部停电或采取绝缘遮蔽措施。

7. 当发现配电箱、电表箱箱体带电时,应断开上一级电源,查明带电原因,并作相应处理。

【释义】① 接触配电箱、电表箱箱体前,应进行验电确认无电压后方可接触箱体,当发现配电箱、电表箱箱体带电时,应从电源侧断开(上一级电源),防止由于内部绝缘损坏或其他漏电等造成配电箱或电表箱带电,导致作业人员或他人触电。② 若从上级电源断开后仍然有电,为防止反送电等情况,应再查接线情况、负荷侧等,视具体情况解除带电隐患后,方可继续作业。

8. 配电变压器测控装置二次回路上工作,应按低压带电工作进行并采取措施防止电流互感器二次侧开路。

【释义】配电变压器测控装置二次回路上工作,应按低压带电工作进行(应戴手套、护目镜、穿绝缘鞋、站在绝缘垫或绝缘的梯凳上),并采取接线(短接板)措施防止电流互感器二次侧开路,避免因开路情况下存在高电压给人身安全带来触电风险。如果电流互感器无法采取防止开路的措施,应停电后进行工作。

9. 非运维人员进行的低压测量工作,宜填用低压工作票。

【释义】非运维人员一般指设备主人之外的检修人员、外委作业人员等。

6.1.3 低压用电设备工作

1. 在低压用电设备(如充电桩、路灯、用户终端设备等)上工作应采用工作票或派工单、任务单、工作记录、口头、电话命令等形式,口头或电话命令应留有记录。

【释义】在低压用电设备(如充电桩、路灯、用户终端设备等)上工作不涉及高压线路、设备停电或做安全措施的,应使用相应的工作票(如低压工作票、安全措施卡或派工单等)。

2. 在低压用电设备上工作,需高压线路、设备配合停电时,应填用相应的工作票。

【释义】在低压用电设备上工作,需要高压线路、设备停电或做安全措施,应使用配电第一种工作票。

3. 在低压用电设备上停电工作前,应断开电源、取下熔丝,加锁或悬挂标示牌,确保不误合。

【释义】为防止停电检修的低压用电设备上一级电源被他人误合，造成作业人员触电，规定停电工作前，不但要断开电源，还要取下熔丝，并在操作处（刀开关或熔断器等）加锁或悬挂"禁止合闸，有人工作！"标示牌。

4. 在低压用电设备上停电工作前，应验明确无电压，方可工作。

【释义】在低压用电设备上的停电工作，应严格执行停电、验电、接地、悬挂标示牌的技术措施和采取可靠隔离措施（断开电源、验电、取下熔丝，加锁或悬挂标示牌等），至少采取措施（所有相线和中性线接地并短路、绝缘遮蔽或断开点加锁和挂牌）之一防止反送电，以避免发生人身触电事故。

6.2　营销现场作业安全工作规程解读

6.2.1　总体结构

营销现场作业安全工作规程正文共 21 章。正文包括通用部分与营销各专业部分，通用部分包括第 1～11 章以及第 19～21 章，是各专业营销现场作业均应遵守的安全准则。各专业部分包括第 12～18 章，分别为电能计量、业扩报装、用电检查、分布式电源、充换电服务、综合能源以及电能替代相关工作安全要求，是在通用要求的基础上，结合各专业不同作业特点，提出的针对性安全要求；并有 14 个附录。

第一部分为通用部分，包括第 1～11 章以及第 19～21 章。本部分总体编制方式与《国家电网公司电力安全工作规程》（变电、线路、配电、电网建设部分）相同。

第 1～3 章为范围、规范性引用文件和术语定义。对适用范围，引用的文件，涉及的术语、定义等内容进行了明确。对客户侧作业过程中"双签发""双许可"给出了定义。

第 4 章为总则。明确营销专业安全职责范围，并明确营销服务人员不得擅自操作客户设备。

第 5 章为营销现场作业的基本要求。明确作业人员、作业现场的基本条件，内容与《国家电网公司电力安全工作规程》（变电、线路、配电、电网建设部分）基本相同。同时明确对于外包队伍的相应要求。

第 6 章为安全组织措施。借鉴《国家电网公司电力安全工作规程》（配电部分）中已经比较完善的相应内容，明确了现场勘察、工作票（现场作业工作卡）、工作许可、工作监护以及工作间断、终结制度。针对营销客户侧作业特点，特别增加了两方面内容：一是参照工作票制度，制定了客户作业现场"现场作业工作卡"制度（将原先 5 种工作卡整合）（附录 H）；二是明确了供电方、客户方"双许可"工作要求与执行方式。

第 7 章为安全技术措施。本章参照《国家电网公司电力安全工作规程》（配电部分）中已经比较完善的停电、验电、接地、悬挂标示牌和装设遮栏工作流程，并在第 7.6 节中增加了近年来在国家电网公司系统中已广泛应用的视频监控管控手段。

第 8 章为变电站、线路以及发电厂内作业。本章明确营销人员在变电站、输电线路以及发电厂内的工作范围，工作票的使用以及站上工作的安全职责划分。并对营销人员特别是计量人员涉及较多的二次系统工作提出要求。具体内容主要引用《国家电网公司电力安全工作规程》（变电部分）相关内容。

第 9 章为高压配电设备、线路作业。本章明确营销人员在高压配电设备、线路中的工作范围，并对营销人员涉及较多的配电二次系统等工作提出工作要求。具体内容主要引用《国家电网公司电力安全工作规程》（配电部分）第 10、13 章等相关内容，与第 8 章相同的部分不再赘述。

第 10 章为低压电气工作。本章主要明确营销专业都应遵循的低压电气工作总体工作要求。具体内容主要引用《国家电网公司电力安全工作规程》（配电部分）第 8、9 章等相关内容。

第 11 章为客户侧现场作业。明确一般安全要求作业人员不得擅自操作客户设备，工作票及现场作业工作卡应执行"双许可"工作要求，以及在客户侧作业现场特别要注意的风险点以及风险防范方式。

第 19 章为电动工具及安全工器具使用、检查、保管和试验。具体内容主要引用《国家电网公司电力安全工作规程》（配电部分）第 14 章等相关内容。

第 20 章为高处作业。具体内容主要引用《国家电网公司电力安全工作规程》（配电部分）第 17 章等相关内容。

第 21 章为营销服务场所消防安全管理，重点从消防设施、器材配置与使用，火灾隐患排查整改，消防应急预案与火灾处置等方面进行编写。重点参照 DL 5027《电力设备典型消防规程》以及《国家电网公司电网设备消防管理规定》（国网运检/2295—2014）进行编写，不再详细规定动火作业有关内容。

第二部分为营销各专业内容，包括第 12～18 章，分别为电能计量、业扩报装、用电检查、分布式电源、充换电服务、综合能源相关工作以及电能替代相关工作安全要求，是在通用要求的基础上，分析各专业不同作业特点，提出的针对性安全要求。

6.2.2　电能计量相关工作

6.2.2.1　（新建）输变电工程计量相关工作

（1）变电站内开展计量验收等工作时，应要求施工方进行现场安全交底，做好相关安全技术措施，确认工作范围内的设备已停电、安全措施符合现场工作需要，明确设备带电与不带电部位、施工电源供电区域等。

（2）进入施工现场，应注意人体与高压设备带电部分应保持规定的安全距离。

（3）计量二次回路进行接线相关试验时，试验人员应具有试验专业知识，充分了解被试设备和所用试验设备、仪器的性能。试验设备应合格有效，不得使用有缺陷及有可能危及人身或设备安全的设备。

（4）通电试验过程中，试验和监护人员不得中途离开。

（5）试验电源应按电源类别、相别、电压等级合理布置，并在明显位置设立安全标志。

（6）在屏柜上拆接线时应在端子排外侧进行，拆开的线应包好，并注意防止误碰其他运行回路，禁止将运行中的电流互感器二次回路开路及电压互感器二次回路短路、接地。

（7）在计量二次回路上开展工作时，参照本规程相关要求执行。

（8）高压互感器现场校验时，应参照本规程相关内容执行。

6.2.2.2　电能表与采集终端的装拆、现场校验及相关工作

（1）电能表、采集终端装拆与调试时，宜断开各方面电源（含辅助电源）。若不停电进行，应做好绝缘包裹等有效隔离措施，防止误碰运行设备、误分闸。

（2）电源侧不停电更换电能表时，直接接入的电能表应将出线负荷断开，应有防止相间短路、相对地短路、电弧灼伤的措施。对于不具备电能表接插件的三相直接接入式计量箱，其三相直接接入式电能表装拆应停电进行。

（3）经互感器接入电能表的装拆、现场校验工作，应有防止电流互感器二次侧开路、电压互感器二次侧短路和防止相间短路、相对地短路、电弧灼伤的措施。

（4）现场校验时应认清设备接线标识，设专人监护，工作完毕接电后要进

行检查核验，确保接线正确，接线时螺丝应紧固并充分接触。

（5）对可能发生误碰危险的安装位置，应对拆下的通信线进行包裹，作业人员不得直接触碰通信线导体部分。

6.2.2.3　互感器的装拆、现场校验及相关工作

（1）互感器的安装、更换、拆除、现场校验应停电进行，一次侧有明显的断开点，二次回路断开。试验时操作人员应站在绝缘垫上并进行呼唱，有防止反送电、防止人员触电的措施。

（2）电流互感器和电压互感器的二次绕组应有一点且仅有一点永久性、可靠的保护接地。工作中，禁止将回路的永久接地点断开。低压电流互感器的二次回路不允许接地。

（3）互感器二次回路通电或耐压试验前，应通知运维人员和其他有关人员，并派专人到现场看守，检查二次回路及一次设备上确无人工作后，方可加压。

（4）在带电的电流互感器二次回路上工作，应采取措施防止电流互感器二次侧开路。短路电流互感器二次绕组，应使用短路片或短路线，禁止用导线缠绕。

（5）在带电的电压互感器二次回路上工作，应采取措施防止电压互感器二次侧短路或接地。接临时负载，应装设专用的刀闸和熔断器。

（6）在邻近带电线路进行吊装作业时，应由专人指挥，分工明确，并注意吊臂回转半径引起的安全风险。

6.2.2.4　计量箱装拆及相关工作

（1）金属计量箱、配电箱应可靠接地且接地电阻应满足要求。作业人员在接触运行中的金属计量箱前，应检查接地装置是否良好，并用验电笔确认其确无电压后，方可接触。

（2）当发现计量箱、配电箱箱体带电时，应断开上一级电源将其停电，查明带电原因，并作相应处理。

（3）高低压同杆架设，在低压带电线路上计量箱装拆时，应先检查与高压线路的距离，采取防止误碰带电高压设备的措施。在低压带电导线未采取绝缘措施时，作业人员不准穿越。在不停电的计量箱开展工作时，应采取防止相间短路和单相接地的绝缘隔离措施，拆除导线的裸露部分后，应立即进行绝缘包裹，不得触碰导线裸露部分。

（4）对计量箱门进行检查或操作时，作业人员应站位至箱门侧面，防范计

量箱内设备异常。箱门开启后应采取有效措施对箱门进行固定。

（5）公共区域内安装计量箱时，应可靠固定，并应注意与水、热、天然气等管线之间留有足够的安全距离。

6.2.2.5　实验室内计量工作

（1）实验室内开展计量工作时，工作前应检查设备是否可靠接地、绝缘是否良好、漏电保护装置是否正常。接线前，应选择合适的量程并正确使用，检查设备是否已切断电流、电压，确定装置不处于工作状态。

（2）试验过程中更改接线以及试验结束后，应首先断开电源，再进行充分放电、接地后，方可检查接线或再拆除检测接线，防止人身触电。

（3）实验室内高压试验工作，应按照本规程相关要求执行。

（4）计量自动化检定设备，应满足以下要求：

1）自动化检定系统可接触到的外部金属部分，均应可靠接地。

2）在机器人、机械臂或机械抓手等伸展移动部位的危险区设置安全警示标识，并在可能触及人员位置设置安全遮栏。

3）工频耐压试验单元应设置安全防护罩和门控开关、工作指示灯。自动化检定系统在控制室、关键功能单元等位置，应设置急停开关，能够在紧急状态下通过断电方法立即停止设备运行。

4）自动化检定系统使用的非金属材料应具有阻燃性，使用的机械装置。电气装置等应符合国家相关标准要求。

（5）工作人员进入自动化检定区域应穿工作服，并将长发盘起，防止长发卷入转动设备内。更换插针、表座等部位时应首先断开电源，确保检定台体无电后再进行操作，防止人身触电。

（6）调整互感器二次压接线柱时，确保试验电流回零，并用万用表测试确认线柱无电流后，方可进行操作。

（7）进入立体库房巷道应佩戴安全帽，并切断堆垛机电源，待堆垛机静止10s 后进入。检修完毕后，应确认巷道内无其他人员或遗留杂物，方可启动堆垛机。

6.2.3　业扩报装相关工作

6.2.3.1　一般安全要求

（1）业扩报装工作中、营销服务人员在公司产权设备范围内进行现场作业，应按照本规程相关要求，填用相应工作票。

（2）业扩报装工作中，营销服务人员在非公司产权设备范围内进行现场作业，应填用现场作业工作卡或工作票。

（3）工作必须由客户方或施工方熟悉环境和电气设备的人员配合进行。要求客户方或施工方进行现场安全交底，做好相关安全技术措施；确认工作范围内的安全措施符合现场工作需要。

（4）涉及多专业、多班组参与的项目，应由业扩负责人组织客户方或施工方对工作现场进行统一安全交底，明确职责，各专业负责落实相关安全措施和责任。业扩负责人应做好现场协调工作。

6.2.3.2　业扩现场勘察

现场勘察人员应掌握带电设备的位置，与带电设备保持足够的安全距离，注意不要误碰、误动、误登运行设备。工作中严格履行监护制度，严禁移开或越过遮栏，严禁操作客户设备。客户设备状态不明时，均应视为带电设备。不得进行与现场勘察无关的工作。

6.2.3.3　中间检查

中间检查过程中，应注意现场警示标识，掌握带电设备的位置，与带电设备保持足够的安全距离，注意不要误碰、误动、误登运行设备。不得进行与中间检查无关的工作。

6.2.3.4　计量装置安装

计量装置安装应按照 5.2.2 节相关要求执行。

6.2.3.5　竣工验收及装表送电

1. 未经检验或检验不合格的客户受电工程，严禁接（送）电。严格履行客户设备送电程序，严禁新设备擅自投运或带电。发现违规擅自送电的客户受电工程，必须立即采取停电措施。

2. 送电前应采取措施防止形成交叉供电。

3. 送电工作的组织。

（1）涉及多专业、多班组参与的项目，由现场负责人牵头，各相关专业技术人员参加，确定现场总指挥，成立工作小组，拟订接（送）电方案，接（送）电方案应事先告知参加人员。

（2）35kV 及以上业扩工程，应成立启动委员会，制定启动方案并按规定执行。35kV 以下双电源、配有自备应急电源和客户设备部分运行的项目，应制定切实可行的投运启动方案。所有高压受电工程接电前，必须明确投运现场负责人，由现场负责人组织各相关专业技术人员参加，成立投运工作小组。由现场负责人组织开展安全交底和安全检查，明确职责，各专业分别落实相关安全措施并向负责人确认设备具备投运条件。不得进行与竣工验收及送电无关的工作。

6.2.4　用电检查相关工作

6.2.4.1　一般安全要求

1. 用电检查工作应填用现场作业工作卡。在按照有关法律法规开展客户侧用电检查（反窃查违）现场作业时，可不执行"双许可"制度，由供电方许可人许可后，即可开展用电检查（反窃查违）相关工作。

2. 到达检查现场后，应向客户表明身份、出示证件并说明来意，检查前应向客户了解现场安全情况，宜有客户电气负责人全程陪同。

3. 检查人员进入现场检查，应核准现场设备运行情况，明确安全检查通道，用电检查过程中应与带电线路和设备保持安全距离。

4. 现场进行检查测试时，应实行工作监护制度，确保人身与设备安全。现场检查计量柜等带电设备时，应正确穿戴齐全且合格的劳动防护用品，检查高压带电设备时，不得强行打开闭锁装置。

6.2.4.2　客户设备巡视

1. 特殊气候条件下，如雷雨、大雾、大风等天气时，现场检查人员应避免户外设备巡视工作。

2. 检查人员应避免直接触碰设备外壳，如确需触碰，应在确保设备外壳可靠接地的条件下进行。

3. 按政府部门要求协助重大活动相关客户开展巡视值守，应遵守本规程相关安全工作要求。

6.2.5　分布式电源相关工作

6.2.5.1　现场勘察

现场勘察时须核实设备运行状态，严禁工作人员擅自开启计量箱（柜）门或操作客户电气设备。

6.2.5.2 计量装置安装

计量装置的安装，应按照 5.2.2 节相关要求执行。

6.2.5.3 并网验收

1. 并网一般要求：

（1）接入高压配电网的分布式电源，并网点应安装易操作、可闭锁、具有明显断开点、可开断故障电流的开断设备，电网侧应能接地。

（2）接入低压配电网的分布式电源，并网点应安装易操作、具有明显开断指示、可具备开断故障电流能力的开断设备。

（3）接入高压配电网的分布式电源客户进线开关、并网点开断设备应有名称和编号，并报电网管理单位备案。

（4）装设于配电变压器低压母线处的反孤岛装置与低压总开关、母线联络开关间应具备操作闭锁功能。

2. 分布式电源并网前，电网管理单位应对并网点设备验收合格，并通过协议与客户明确双方安全责任和义务。

（1）并网点客户产权开断设备应由客户操作。

（2）检修时，双方应相互配合做好电网停电检修的隔离、接地、加锁或悬挂标示牌等安全措施，并明确并网点的安全隔离方案。

3. 并网操作。分布式电源现场设备应具有的明显操作指示，便于操作及检查确认。

6.2.6 充换电服务相关工作

6.2.6.1 充换电设备安装、调试及接入

1. 充电站建设、充电设备安装应符合有关标准、规定要求。

2. 充电桩、整流柜等充换电设备带电前，本体外壳应可靠且明显接地。

3. 充换电设备准备启动时，其附近应设遮栏及安全标志牌，并派专人看守。

6.2.6.2 充换电站巡视

1. 充换电设备巡视人员每组不应少于两人。火灾、雷电、地震、台风、洪水、泥石流等灾害发生时，若需对充换电设备巡视，应得到充电设施管理单位（部门）批准。巡视人员与派出部门之间应保持通信畅通。

2. 巡视人员在巡视过程中发现充电机、充电桩外壳有漏电、设备响声异常、

产生烟雾火花及严重缺陷时，应立即停止巡视，对充电桩进行断电处理，采取相应安全措施，并上报充电设施管理单位。

3. 巡视过程中，巡视人员不得单独开启箱（柜）门，开启箱（柜）门前应验电。

4. 巡视人员发现接地线和接地体连接不可靠或锈蚀等严重问题，应立即上报，并停电进行现场处理，直至接地电阻重新测量合格，确保充电站接地系统良好。

6.2.6.3　充换电设备清扫保养

1. 充换电设备清扫作业每组应不少于两人，设备清扫需将充换电设备断电。

2. 清扫充换电设备精密元器件时，应戴防静电手套，防止造成元器件损坏。

3. 清扫风扇等设备时，严禁作业人员将手指伸入。

4. 一体式充电机进线或整流柜进线带电清扫时，应采取绝缘隔离措施防止相间短路或单相接地。

6.2.6.4　充换电站检修

1. 检修工作时，拆开的引线、断开的线头应采取绝缘包裹等遮蔽措施。因检修试验需要解开设备接头时，拆前应做好标记，接后应进行检查。

2. 变更接线或试验结束，应断开试验电源，并将升压设备的高压部分放电、短路接地。

3. 抢修消缺时，需断开充电机交流进线开关，并在进线开关设置隔离挡板，防止工器具或其他物体掉落引发短路故障。

4. 充换电设备断电后，需等待 2～3min，待充电机所有信号指示灯熄灭后，经验电确定无电后方可进行作业。

6.2.6.5　现场充（换）电服务

1. 充电操作前，应检查充电设备是否运行正常，严禁在桩体损坏、正在检修的设备上进行充电操作。

2. 充电时应将充电枪完全插入充电口内，避免因雨淋漏电造成人身伤害或设备损坏。

3. 充电时发生电池高温告警、充电模块高温告警等危及设备和人身安全的情况，应立即按下急停按钮，严禁拔出正在充电的充电枪。

4. 充电完成后，应将充电枪归位放好。巡视人员进行巡视工作时，应将未归位充电枪及时归位。

6.2.7 综合能源相关工作

6.2.7.1 综合能效

1. 电缆安装及敷设

（1）在电缆沟等有限空间作业，应在作业入口处设专责监护人，坚持"先通风、再检测、后作业"的原则，保持通风良好，应有充足照明。出入口应保持畅通并设置明显的安全警示标志，夜间应设警示红灯，并配备足量照明器具。夜间施工人员应佩戴反光标志。

（2）线盘架设应选用与线盘相匹配的放线架，且架设平稳。放线人员应站在线盘的侧后方。当放到线盘上的最后几圈时，应采取措施防止电缆突然蹦出。

（3）电缆敷设时，盘边缘距地面不得小于100mm，电缆盘转动力量要均匀，速度要缓慢平稳。

（4）电缆敷设应由专人指挥、统一行动，并有明确的联系信号，不得在无指挥信号时随意拉引，以防人员肢体受伤。

（5）电缆通过孔洞、管子或楼板时，两侧应设专人监护。入口侧应防止电缆被卡或手被带入孔内，出口侧的人员不得在正面接引。

（6）电缆敷设时，拐弯处的作业人员应站在电缆外侧。

（7）电缆敷设时，临时打开的孔洞应设围栏或安全标志，完工后立即封闭。

（8）进入带电区域内敷设电缆时，应取得运维单位同意，设专人监护，采取安全措施，保持安全距离，防止误碰运行设备，不得踩踏运行电缆。

（9）电缆穿入带电的盘柜前，电缆端头应做绝缘包扎处理，电缆穿入时盘上应有专人接引，严防电缆触及带电部位及运行设备。

（10）运行屏内进行电缆施工时，应设专人监护，做好带电部分的遮挡，核对完电缆芯线后应及时包扎好芯线金属部分，防止误碰带电部分，并及时清理现场。

（11）电缆敷设经过的建筑隔墙、楼板、电缆竖井，以及屏、柜、箱下部电缆孔洞间均应封堵。

2. 二次回路上的工作

涉及二次回路上的工作，应按照本规程第8.2节相关要求执行。

3. 采集终端的安装

采集终端的安装工作，应按照本规程第 12.2 节相关要求执行。

4. 互感器的安装

互感器的安装工作，应按照本规程第 12.3 节相关要求执行。

5. 能源服务网关安装

（1）网关箱体应具备良好的抗冲击、防腐蚀和防雨能力，并具备加封、加锁位置。

（2）网关箱接地线应以软导线与接地的金属构架可靠连接，软导线应选用截面积 4mm² 及以上的单股多芯铜导线。

6. 调试检查

对可能发生误碰危险的安装位置，应将拆下的通信线用绝缘胶布进行包扎，作业人员不得直接触碰通信线导体部分。

6.2.7.2　多能服务

1. 设备材料进场及设备安装

（1）设备吊装前，操作人员应掌握设备的重量、平台受力情况等，起重指挥人员与汽车吊驾驶员及时沟通，汽车吊的坐车、出杆须仔细计算，避开周围建筑。

（2）起重用各机具必须经过安全性检查，对于吊装的吊具、绳索、措施构件等应进行试吊，确认安全可靠后方可行吊装，防止断索、脱钩、失稳等安全事故的发生。

（3）起吊作业时，无关人员不得接近吊装区域并设专人监护。

2. 管道、支架安装

（1）作业过程中必须安全使用临时电源，应从指定电源处取电。焊接和切割作业必须佩戴好防护面罩、防切割手套等劳动防护用品。

（2）临时配电箱必须装有独立的漏电保护开关，禁止多台焊机、电动工具共用一个电源开关，配电箱都应接零（接地）。

（3）电焊机一次线路开关应装在便于操作的地方，一次线路长度一般不大于 5m，周围应留有安全通道。电焊机外露的带电部分和裸露接线柱必须有完好的防护罩，二次线路的接头应连接牢固。

3. 配电柜安装

（1）配电柜安装时，作业人员应动作轻慢，防止振动，与运行盘柜相连固定时，不得敲打盘柜。

（2）进入带电区域内敷设电缆时，应取得运维单位同意，设专人监护，采取安全措施，保持安全距离，防止误碰运行设备，不得踩踏运行电缆。

4. 设备调试

（1）配电柜送电前，检查柜内接线正确，所有紧固件应无松脱，接线端子应牢固，各分支开关处于分闸状态，送电后测量电压正常，中性线和接地线无电压。

（2）单机测试前，检查设备处于完好状态，运转的设备运转部分周围没有妨碍物。设备启动时，严禁人员站在设备周围，设备运行正常后方可上前检查。

（3）单机测试时，设备急停按钮或者配电柜前必须配备应急操作人员，一旦发现设备故障或其他不安全现象，应立即停止设备或电源。

（4）无生产负荷的联合试运转及调试，应在设备单机试运转合格后进行。空调、供热水系统、监测与控制系统以及供能系统等应满足调试使用要求。

6.2.7.3 新能源（屋顶光伏）建设

（1）光伏支架焊接。

1）焊接时应穿戴符合专用防护用品要求的护目镜、工作服、手套、绝缘鞋。

2）注意通风，应采取措施排除有害气体、粉尘和烟雾等。

3）正确接线后，必须经过检查方可送电，并应有人监护。

4）使用前必须对电焊机的二次线路及接头进行检查，合格后方能使用。

5）电焊机外壳按规定进行可靠接地。使用的电源盘必须带漏电保护装置，使用前必须检验其可靠性。

（2）光伏组件安装。

1）作业开始时，应由两人将组件板抬于支架上，禁止单人挪用组件板，并按照图纸规划安放牢固。

2）进行组件接线施工时，施工人员应正确使用安全防护用品，不得触碰金属带电部位。

3）对组串完成但不具备接引条件的部位，应进行绝缘包裹。

4）当组件有电流或具有外部电源时，不得连接或断开组件。

（3）在潮湿或风力较大的情况下，禁止进行安装或操作光伏组件。

（4）在屋顶及其他危险的边沿工作，临空一面应装设安全网或防护栏杆，否则，作业人员应使用安全带。

（5）汇流箱安装前，应先对其内部各元件做绝缘测试。

（6）在安装汇流箱、交流并网配电柜时，除接线端子外，不得接触机箱内部的其他部分。

6.2.7.4　智能运维

1. 定期巡检

（1）严禁随意动用设备闭锁万能钥匙。

（2）发现设备缺陷及异常时，应及时汇报并采取必要应急措施，不得擅自处置。

（3）汛期、雨雪、大风等恶劣天气或事故巡视应配备必要的防护用具、自救器具和药品；夜间巡视应保持足够的照明。

（4）巡视人员应由经过培训、熟悉设备、有经验的人员担任，未经指导和演习的实习人员不准单独进行巡视。

（5）巡视人员必须经本单位批准，巡视应由两人进行。

2. 安装调试

（1）智能采集设备安装调试在电气设备二次系统上的工作，参照本规程第8.2 节相关要求执行。

（2）智能采集设备安装宜停电进行，若不停电进行，应戴护目镜，并保持对地绝缘。在高压配电设备上工作时，应有防止误动的安全措施。

（3）所有未接地或未采取可靠隔离措施的设备都应视为带电设备，禁止直接触碰导体的裸露部分。

（4）智能采集设备安装调试工作中需带电拆接导线时，应先断开负荷，拆接导线后应确认导线的接触是否良好、牢固。

3. 设备检修与故障抢修

（1）相关容性、感性设备检修、试验前后应充分放电。

（2）设备检修工作中使用的检修电源应装设过载自动跳闸装置及漏电保护装置，使用自备发电机做检修电源的，应保证发电机接地点可靠接地。

（3）开关拉出后应将柜门锁闭，禁止擅自开启。

6.2.8　电能替代相关工作

6.2.8.1　煤锅炉（窑炉）电能替代

（1）现场收资、调研、勘察时，应按照相关要求执行；为客户开展业扩报装时，应按照本规程第 13 章要求执行。工作过程中应由熟悉设备情况的客户人员全程陪同，使用巡检通道。

（2）应避免直接接触炉膛/窑体、烟道内的烟尘，防止中毒。

（3）应避免直接接触锅炉主蒸汽管道、窑炉出口成品（或半成品），防止烫伤。

（4）现场有压力容器时，应在熟悉现场环境且有特种设备运维检修相关资质的人员陪同下进入现场。

（5）锅筒、窑炉相关设备有明显变形、鼓包、泄漏时，不得进入现场工作。

（6）不宜在锅炉/窑炉调试、检修、维护、保养等非正常运行工况时期进入现场。

（7）涉及锅炉等特种设备时，施工单位应具有相关许可证，将拟进行的特种设备安装、改造、重大修理情况告知当地政府负责部门并申请监督检验后，方可施工。

（8）进入锅炉/窑炉设备内部作业时，应安排专人监护，同时应有可靠的联络措施，明确作业时间。

（9）进入锅炉的锅筒/窑炉和潮湿烟道内工作应使用电灯照明，安全行灯电压不超过 24V；在比较干燥的烟道内行灯电压不宜超过 36V，不得使用明火照明。

6.2.8.2　电制冷及采暖

（1）开展现场调研勘察时，应按照相关要求执行。增容时应按 5.2.3 节相关要求开展业扩报装业务。

（2）当现场运行设备发生安全装置故障、压力表异常、阀门漏气等异常情况时，应查明原因，严禁直接开展现场工作。

（3）现场作业时应注意检查电制冷设备安全阀铅封标记是否损坏、是否发生泄漏等情况，作业现场严禁任意启封和调整安全阀。

（4）现场作业发生安全阀起跳事件时，应进行紧急停机处理，待安全阀自动关闭后，再进行相应的检查和处理。

参 考 文 献

[1] Q/GDW 10666—2016，配电网技术导则.

[2] DL/T 599—2016，中低压配电网改造技术导则.

[3] GB/T 31367—2015 中低压配电网能效评估导则.

[4] 国家电网有限公司设备管理部. 城市中低压配电网标准化建设改造典型案例 [M]. 北京：中国电力出版社，2019.

[5] 国家电网有限公司. 国家电网有限公司配电网设备标准化设计定制方案：0.4kV 低压开关柜 [M]. 北京：中国电力出版社，2019.

[6] 国网河南省电力公司郑州供电公司. 城市中低压配电网工程验收管理 [M]. 北京：中国电力出版社，2018.

[7] 任学伟，朱巧芝. 低压电气设备运行维护实用技术 [M]. 北京：中国电力出版社，2014.

[8] 王伟，等. 低压配电网常见故障及处理 [M]. 北京：中国电力出版社，2017.

[9] 刘石生. 低压配电网及配电新技术 [M]. 西安：陕西科学技术出版社，2022.

[10] 方向晖. 中低压配电网规划与设计基础 [M]. 北京：中国水利水电出版社，2004.

[11] 汤继东，朱冬宏. 中低压配电设计与实践 [M]. 北京：中国电力出版社，2015.

[12] 朱淼. 中低压直流配电系统运行与控制 [M]. 北京：科学出版社，2023.

[13] 田宝森，史芸. 低压供配电实用技术（第二版）[M]. 北京：中国电力出版社，2018.

[14] 李天友，林秋金. 中低压配电技能实务 [M]. 北京：中国电力出版社，2012.

[15] 陈永进，李钦豪，等. 农村低压智能配电网建设与运行 [M]. 北京：中国电力出版社，2021.

[16] 程辉阳，卢晓峰. 低压配电设备运行与检修技术 [M]. 北京：中国水利水电出版社，2018.

[17] 国家电网有限公司设备管理部. 0.4kV 配电网不停电作业培训教材 [M]. 北京：中国电力出版社，2020.

[18] 国家电网公司安全监察质量部. 低压配电典型作业安全技能图册 [M]. 北京：中国电力出版社，2016.

[19] 中低压配电网工程装置性违章及解析 [M]. 北京：中国电力出版社，2016.

[20] 国家电网有限公司. 国家电网有限公司营销现场作业安全工作规程 [M]. 北京：中国电力出版社，2021.

[21] 国家电网有限公司. 国家电网公司电力安全工作规程（配电部分）[M]. 北京：中国电力出版社，2014.

[22] 国网石家庄供电公司. 电网企业营配调贯通业务指导手册 [M]. 北京：中国标准出版社，2017.

[23] 国网浙江省电力有限公司. 电力营销新业务应知应会 [M]. 北京：中国电力出版社，2021.

[24] 国网河北省电力营销服务中心. 节能提效技术及典型案例集 [M]. 北京：中国电力出版社，2023.

[25] 国网江苏省电力有限公司. 电力营销应知应会百问百答 [M]. 北京：中国电力出版社，2023.

[26] 王金亮. 电力营销业务应用系统 [M]. 北京：中国电力出版社，2023.

[27] 崔昊杨，张林茂. 电力营销服务规范培训教材 [M]. 北京：中国电力出版社，2023.

[28] 国网山东省电力公司. 电力营销安全典型案例分析 [M]. 北京：中国电力出版社，2023.

[29] 国家电网公司营销部（农电工作部）. 全能型乡镇供电所岗位培训教材（通用知识）[M]. 北京：中国电力出版社，2023.

[30] 国网四川省电力公司营销部，国网四川省电力公司技能培训中心. 新型现代供电服务体系 [M]. 北京：中国电力出版社，2023.